职业教育"十三五"改革创新规划教材

汽车电线束设计与工艺

侯守明　谷孝卫　主　编
丁元淇　李鹤丽　武铂睿　副主编

清华大学出版社
北　京

内 容 简 介

本书是职业教育"十三五"改革创新规划教材,由从事电线束设计与制造多年的企业技术人员和职业院校教师共同编写。本书内容取材于企业实际操作流程和案例,贴近企业生产实际,满足企业相应岗位人才培养需求和职业院校汽车电子专业理实一体化教学需求。

本书从电线束设计的基础知识入手,根据用户的实际需求,从学习培训的角度由浅入深、循序渐进,详细地讲解了汽车电线束设计与工艺的相关技术。全书共分5个单元,包括电线束基本知识,汽车电路读图基础,电线束产品图纸的绘制方法,电线束生产工艺流程及技术规范,汽车电线束工艺设计等。

本书可作为职业院校汽车类专业教材,也可用于电线束技术人员和管理人员的培训。

本书封面贴有清华大学出版社防伪标签,无标签者不得销售。
版权所有,侵权必究。举报:010-62782989,beiqinquan@tup.tsinghua.edu.cn。

图书在版编目(CIP)数据

汽车电线束设计与工艺/侯守明,谷孝卫主编. —北京:清华大学出版社,2018(2025.5重印)
(职业教育"十三五"改革创新规划教材)
ISBN 978-7-302-50284-5

Ⅰ. ①汽… Ⅱ. ①侯… ②谷… Ⅲ. ①汽车-电线-接插元件-高等职业教育-教材 Ⅳ. ①U463.62

中国版本图书馆CIP数据核字(2018)第112034号

责任编辑:刘翰鹏
封面设计:傅瑞学
责任校对:赵琳爽
责任印制:丛怀宇

出版发行:清华大学出版社
网　　址:https://www.tup.com.cn,https://www.wqxuetang.com
地　　址:北京清华大学学研大厦A座
邮　　编:100084
社 总 机:010-83470000
邮　　购:010-62786544
投稿与读者服务:010-62776969,c-service@tup.tsinghua.edu.cn
质量反馈:010-62772015,zhiliang@tup.tsinghua.edu.cn
课件下载:https://www.tup.com.cn,010-62770175-4278

印 装 者:三河市龙大印装有限公司
经　　销:全国新华书店
开　　本:185mm×260mm　　印　张:10.75　　字　数:247千字
版　　次:2018年8月第1版　　　　　　　　印　次:2025年5月第10次印刷
定　　价:29.00元

产品编号:070143-01

FOREWORD 前 言

随着人们对舒适性、经济性、安全性要求的不断提高,汽车电子产品种类在不断增加,汽车电线束作为连通汽车各主要部件和电子产品的"血管",其作用和地位越来越重要。汽车上各种新型智能产品的应用,也导致电线束的结构和形态越来越复杂,汽车电线束的设计和制造质量,逐渐成为评价汽车性能的一项重要指标。

汽车电线束设计与制造工艺是电线束设计技术人员和工程师必备的一项技能,也是汽车电子技术从业人员需要深入了解的基本知识,然而,国内尚欠缺比较系统介绍汽车电线束设计与工艺的教材,汽车电线束设计与制造的工艺技术主要在相应的制造企业通过培训来获得,这不利于提高国内从事电线束设计与制造人员的技术水平。

本书从电线束设计的基础知识入手,根据电线束设计从业人员的实际需求,从学习培训的角度出发,由浅入深、循序渐进地讲解了汽车电线束设计与工艺的相关技术。全书共分5个单元,包括电线束基本知识,汽车电路读图基础,电线束产品图纸的绘制方法,电线束生产工艺流程及技术规范,汽车电线束工艺设计等。

本书在编写过程注重贯彻教学改革的有关精神,依据职业教育课程改革的要求,以培养职业能力为主线,体现以下特色。

(1) 由企业技术人员和学校教师共同参与编写,本书内容取材于企业实际操作流程和案例,贴近企业生产实际,图例丰富,能够满足企业对应岗位需求。

(2) 注重介绍电线束设计流程和技术规范,从质量保证角度系统阐述电线束设计和工艺,概念清楚,内容精练,简明实用。

(3) 参照企业员工培训过程,由浅入深、循序渐进介绍电线束设计和制造工艺相关知识,可操作性强,能够满足职业院校理实一体化教学需求。

本书由侯守明、谷孝卫担任主编,由丁元淇、李鹤丽、武铂睿担任副主编,每个单元的编写都由一名企业技术人员和一名教师参与。编写分工如下:陈昊、丁元淇编写单元1;胡瑞明、王龙波编写单元2;侯守明、谷孝卫编写单元3、单元5;武铂睿、李鹤丽编写单元4。全书统稿由侯守明、谷孝卫负责,书中的部分插图由天海集团线束设计总部提供。

  本书在编写过程中，得到了河南天海电器有限公司线束研发中心、线束中国（陕西浩唐工贸有限公司）、鹤壁汽车工程职业学院教务科研处、电子工程系各位领导和老师的大力支持，在此一并表示感谢！本书在编写过程中参考了大量的文献资料，在此谨向文献资料的作者致以诚挚的谢意。

  由于作者水平有限，书中难免存在不足之处，望广大读者不吝赐教。了解更多教材信息，请关注微信订阅号：Coibook。

编　者

2018 年 1 月

目录 CONTENTS

单元1 电线束基本知识 …………………………………………………………… 1
  1.1 电线束基本概念及作用 …………………………………………………… 1
    1.1.1 汽车电线束的概念 …………………………………………………… 1
    1.1.2 汽车电线束的作用 …………………………………………………… 2
    1.1.3 汽车电线束目前发展形势 …………………………………………… 2
    1.1.4 我国汽车电线束相关标准目录 ……………………………………… 2
  1.2 电线束常用原材料基本知识 ……………………………………………… 3
    1.2.1 电线基本知识 ………………………………………………………… 3
    1.2.2 电线线种 ……………………………………………………………… 4
    1.2.3 电线线径及结构 ……………………………………………………… 5
    1.2.4 电线的颜色 …………………………………………………………… 10
    1.2.5 常用端子 ……………………………………………………………… 11
    1.2.6 防水栓 ………………………………………………………………… 13
    1.2.7 护套 …………………………………………………………………… 13
    1.2.8 波纹管 ………………………………………………………………… 16
    1.2.9 PVC管 ………………………………………………………………… 17
    1.2.10 热缩管 ………………………………………………………………… 18
    1.2.11 电刷软管 ……………………………………………………………… 21
    1.2.12 常用固定件 …………………………………………………………… 22
    1.2.13 常用保险和继电器 …………………………………………………… 24
    1.2.14 二极管 ………………………………………………………………… 25
    1.2.15 常用橡胶(胶圈) ……………………………………………………… 25
    1.2.16 常用胶带 ……………………………………………………………… 26

单元2 汽车电路读图基础 ... 28

2.1 常用图形符号 ... 28
2.2 汽车电路图种类 ... 32
  2.2.1 线路图 ... 32
  2.2.2 原理图 ... 32
  2.2.3 电线束图 ... 32
2.3 汽车电路特点及接线规律 ... 36
  2.3.1 汽车电路特点 ... 36
  2.3.2 汽车电路的接线规律 ... 37
2.4 汽车电路读图一般方法 ... 39
2.5 汽车电线束产品设计开发流程和工具 ... 40
  2.5.1 汽车电线束产品设计开发流程 ... 40
  2.5.2 汽车电线束设计开发包含的内容 ... 42
  2.5.3 设计工具介绍 ... 46
  2.5.4 电线束设计软件CATIA使用介绍及AutoCAD工作界面 ... 47
2.6 同步开发介绍 ... 60
  2.6.1 同步开发的工作内容 ... 60
  2.6.2 同步开发需要提交的内容 ... 60
2.7 电源分配 ... 61
  2.7.1 电源分配设计概述 ... 61
  2.7.2 电源分配设计流程 ... 62
2.8 蓄电池和发电机的选择 ... 69
  2.8.1 蓄电池 ... 69
  2.8.2 发电机 ... 70
2.9 中央保险盒的设计和开发 ... 70
  2.9.1 中央保险盒设计概述 ... 70
  2.9.2 中央保险盒的设计 ... 71
2.10 原理图设计 ... 76
  2.10.1 原理图设计概述 ... 76
  2.10.2 原理图的总体设计 ... 76
  2.10.3 分系统原理图的设计 ... 77
2.11 接地点分配设计 ... 81
  2.11.1 接地设计概述 ... 81
  2.11.2 接地方式 ... 81
  2.11.3 整车系统接地设计 ... 82
2.12 电线束分段设计 ... 84
  2.12.1 电线束分段设计概述 ... 84

  2.12.2 电线束分段设计 ……………………………………………… 84
  2.12.3 电线束分段设计注意事项 ………………………………… 85

单元 3 电线束产品图纸的绘制方法 ………………………………………… 86
 3.1 电线束一般表示方法及图纸绘制要求 …………………………………… 86
 3.2 常用电线束缠扎的表示方法 ……………………………………………… 94
 3.3 常用电线束缠扎材料的表示方法 ………………………………………… 94
 3.4 电线束产品图纸的基本规定和基本尺寸公差 …………………………… 95

单元 4 电线束生产工艺流程及技术规范 ……………………………………… 97
 4.1 电线束生产过程工艺流程 ………………………………………………… 97
 4.2 电线束生产工序流程 ……………………………………………………… 99
 4.3 电线束下线工序技术规范及检查 ………………………………………… 107
  4.3.1 下线工序术语定义 ………………………………………… 107
  4.3.2 一般电线下线（下料）后的技术要求 …………………… 108
  4.3.3 下线线长的检查 …………………………………………… 108
  4.3.4 下线剥头的检查 …………………………………………… 109
  4.3.5 下线后的电线不允许出现以下不良现象 ………………… 109
  4.3.6 剥头长度的计算 …………………………………………… 110
  4.3.7 下线长度公差 ……………………………………………… 110
  4.3.8 特殊线下线要求 …………………………………………… 110
  4.3.9 无特殊要求时电线的捆扎数量及捆扎方式 ……………… 111
  4.3.10 电线捆扎位置、标识及其他要求 ………………………… 111
 4.4 电线束压接工序技术规范及检查 ………………………………………… 112
  4.4.1 压接工序术语的定义 ……………………………………… 112
  4.4.2 压接工序工艺文件中的技术参数及要求 ………………… 113
 4.5 电线束装配工序技术规范 ………………………………………………… 116
 4.6 电线束检测工序技术规范 ………………………………………………… 123

单元 5 汽车电线束工艺设计 ……………………………………………………… 125
 5.1 电线束工艺概述及文件输出的要求 ……………………………………… 125
  5.1.1 电线束工艺概述 …………………………………………… 125
  5.1.2 电线束工艺文件概述 ……………………………………… 126
  5.1.3 电线束工艺文件输出的要求 ……………………………… 126
 5.2 下线、压接工艺文件设计及其基本知识和要求 ………………………… 127
  5.2.1 下线工序工艺文件中的技术参数及要求 ………………… 127
  5.2.2 下线工艺文件中辅助作业设计注意事项 ………………… 127
  5.2.3 下线、压接工艺文件的编制 ……………………………… 127

5.3 打卡、共压工艺文件设计及基本知识 …………………………………… 133
 5.3.1 卡点压接工艺卡设计的基本知识 …………………………… 133
 5.3.2 卡点压接工艺卡的编制 ……………………………………… 135
 5.3.3 电线束端子共压工艺卡编制方法及要求 …………………… 136
5.4 预装配工艺卡设计及基本知识 …………………………………………… 137
 5.4.1 预装配工艺文件中的基本知识 ……………………………… 137
 5.4.2 预装工艺文件编制 …………………………………………… 138
5.5 总装配工艺卡设计及基本常识 …………………………………………… 140
 5.5.1 总装配工艺文件中的基本知识 ……………………………… 140
 5.5.2 流水线工艺文件设计 ………………………………………… 142
5.6 检验工艺卡的设计及基本常识 …………………………………………… 145
5.7 预装、流水线工位物料卡设计及基本常识 ……………………………… 147
 5.7.1 预装物料卡的编制 …………………………………………… 147
 5.7.2 流水线物料卡的编制 ………………………………………… 150
5.8 包装工艺卡设计及基本常识 ……………………………………………… 150
5.9 标准定额的制定和维护 …………………………………………………… 153
5.10 工艺文件的更改要求 …………………………………………………… 157

附录 ………………………………………………………………………………… 158
 附表 1 电线束产品设计输入检查表 ………………………………………… 158
 附表 2 电线束产品设计输入评审表 ………………………………………… 158
 附表 3 电线束产品设计开发过程评审检查表 ……………………………… 159
 附表 4 电线束产品设计开发输出检查表 …………………………………… 159
 附表 5 电线束产品设计和开发输出评审表 ………………………………… 160
 附表 6 样线评审表 …………………………………………………………… 160
 附表 7 下线、压接工序定额表 ……………………………………………… 161
 附表 8 流水线工序定额表 …………………………………………………… 161
 附表 9 总装检测工序定额表 ………………………………………………… 162
 附表 10 产品定额更改申请表 ………………………………………………… 162

参考文献 …………………………………………………………………………… 164

单元 1

电线束基本知识

1.1 电线束基本概念及作用

1.1.1 汽车电线束的概念

电线束是指由铜材冲制而成的接触件端子（连接器）与电线电缆压接后，外面再塑压绝缘体或外加金属壳体等，以电线束捆扎形成连接电路的组件。汽车电线束是汽车电路中连接各电器设备的接线部件，由绝缘护套、接线端子、电线及绝缘包扎材料等组成，如图 1-1 所示。汽车电线束是汽车电路的网络主体，没有电线束也就不存在汽车电路。电线束应用非常广泛，可用在汽车、家用电器、计算机和通信设备、各种电子仪器仪表等方面，车身电线束连接整个车身，大体形状呈 H 形，如图 1-2 所示。

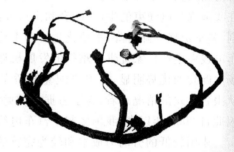

图 1-1 电线束的组成结构

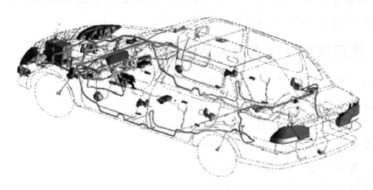

图 1-2 汽车车身电线束

1.1.2 汽车电线束的作用

在现代汽车上,电线束很多,电子控制系统与电线束有着密切关系。有人曾经作了一个形象的比喻:如果把计算机、传感器与执行元件的功能看作人体,那么计算机相当于人脑,传感器相当于感觉器官,执行元件相当于运动器官,电线束就是神经和血管。汽车电线束在把电流导向汽车各用电器,将驾驶员的意图传达到车子方面起到重要作用。

汽车电线束是汽车电路的网络主体,连接汽车的电气电子部件并使之发挥功能,没有电线束也就不存在汽车电路。目前,不管是高级豪华汽车还是经济型普通汽车,电线束编成的形式基本相同,都是由电线、联插件和包裹胶带组成。它既要确保传送电信号,又要保证连接电路的可靠性;既要向电子电气部件供应规定的电流值,又要防止对周围电路产生电磁干扰,并排除电器短路。

1.1.3 汽车电线束目前发展形势

最近几年我国汽车产销量出现"井喷"式的增长,极大地推动了我国汽车电线束生产和配套市场的发展。目前,我国汽车电线束生产企业有200～300家,每年电线束产量有千万余套,实现销售收入100多亿元。不仅满足了国内汽车电线束的配套需求,而且有比较高的出口比例,是国内出口数额较大、为数不多的汽车零部件产品之一。

外资企业在我国汽车电线束的生产和配套中占据着优势地位。德尔福、矢崎、住友、古河、藤仓、李尔等在华独资、合资企业成为我国汽车电线束生产和配套的主角,外资企业在我国汽车电线束的生产、配套和出口方面发挥着重要的作用。随着汽车市场的竞争加剧,整车价格一降再降,本地化生产和本地化采购逐渐成为一种必然的趋势,这对国内汽车电线束生产厂家提供了难得的发展机遇。国内汽车电线束企业主要在载货车、客车市场上配套的优势明显,而主要配套的轿车市场在外资汽车电线束企业拥有的优势明显。从报告反映的情况来看,为了占据市场竞争优势,国内外企业无一例外地纷纷投资扩产,因此自2002年以来,我国掀起了汽车电线束投资的一轮新高潮。

中国较低的劳动力成本和较为完善的投资环境,吸引着全球汽车电线束生产企业纷纷来华投资,这使得中国很快就成为全球重要的汽车电线束生产基地。目前,韩国绝大多数的汽车电线束由中国加工生产,日本紧随其后。很多企业如德尔福、莱尼已经开始把中国作为亚太地区的生产基地、研发中心和服务中心。

1.1.4 我国汽车电线束相关标准目录

《道路车辆　多芯连接电缆》(GB/T 5054—2006)

《汽车用易熔线技术条件》(QC/T 220—2014)

《汽车电气设备基本技术条件》(QC/T 413—2015)

《车用电线束插接器》(QC/T 417—2001)

《汽车用熔断器》(QC/T 420—2004)

《汽车通用继电器》(QC/T 695—2002)

《机动车用硅雪崩整流二极管技术条件》(QC/T 706—2004)

《车用中央电气接线盒技术条件》(QC/T 707—2004)

《汽车用薄壁绝缘低压电线》(QC/T 730—2005)

《汽车用电线接头技术条件》(QC/T 29009—1991)

《汽车用低压电线接头型式、尺寸和技术要求》(QC/T 29010—1991)

《汽车电线束技术条件》(QC/T 29106—2014)

1.2 电线束常用原材料基本知识

汽车电线束原材料包括构成电线束的主材和辅材,主材包括电线、端子、护套、保险盒,辅材包括橡胶件、防水栓、胶带、PVC管、波纹管、工业塑料布、保险片、继电器、扎带、卡扣、支架、二极管等。

1.2.1 电线基本知识

汽车电线束内的电线常用规格有标称截面积 $0.5mm^2$、$0.75mm^2$、$1.0mm^2$、$1.5mm^2$、$2.0mm^2$、$2.5mm^2$、$4.0mm^2$、$6.0mm^2$ 等的电线(日系车常用的标称截面积为 $0.5mm^2$、$0.85mm^2$、$1.25mm^2$、$2.0mm^2$、$2.5mm^2$、$4.0mm^2$、$6.0mm^2$ 等),它们各自都有允许负载电流值,作为不同功率用电设备的导线。以整车电线束为例,$0.5mm^2$ 规格电线适用于仪表灯、指示灯、门灯、顶灯等;$0.75mm^2$ 规格电线适用于牌照灯、前后小灯、制动灯等;$1.0mm^2$ 规格电线适用于转向灯、雾灯等;$1.5mm^2$ 规格电线适用于前大灯、喇叭等;主电源线,例如发电机电枢线、搭铁线(即接地线)等要使用 $2.5mm^2\sim4mm^2$ 电线。对于一般汽车而言,关键要看负载的最大电流值,例如蓄电池的搭铁线、正极电源线使用专门的汽车电线,它们的线径都比较大,有十几平方毫米以上,这些"巨无霸"电线一般不编入主电线束内。

1. 汽车用低压电线的组成

图1-3所示为汽车用低压电线的组成。

(1) 芯线(软金属绞花线):导体。芯线用铜、铝等做成,不仅起到连接各回路,使电流流动的作用,而且起到传送电气信号的作用。

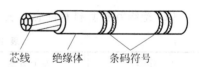

图1-3 汽车用低压电线的组成

(2) 绝缘体。为防止短路(防止与其他回路接触),芯线用塑料等包起来进行保护(绝缘)。

(3) 条码符号。条码符号用来表示电线的特征(电线线种、型号等)。

2. "线种""线径""线色"是电线的基本区分

(1) "线种"主要是根据绝缘皮的不同来区分。

(2) "线径"是根据导体(芯线)的粗细不同来区分。

(3) "线色"就是电线外皮的颜色。

1.2.2 电线线种

由于汽车越发多样化,所使用电线的机能也变得多样化。根据汽车的机能,所使用的电线分为"耐热性""耐久性""耐油性""轻量化""抗干扰性""低成本"等种类。

1. 国标公路车辆用低压电线(QVR、QVR-105、QVVR、QFR)

表 1-1 给出了四种型号的国际公路车辆用低压电线。

表 1-1 四种型号的低压电线

型 号	符 号	耐热等级/℃
普通聚氯乙烯绝缘低压电线	QVR	-40~+80
耐热聚氯乙烯绝缘低压电线	QVR-105	-40~+105
聚氯乙烯绝缘-聚氯乙烯护套电线	QVVR	
聚氯乙烯-丁腈复合物绝缘低压电线	QFR	-40~+70

2. 德国标准单芯无屏蔽薄壁 PVC 绝缘低压电线(FLRY-A、FLRY-B、FLR2X-B)

(1)型号定义和符号。图 1-4 所示为德国标准单芯无屏蔽薄壁 PVC 绝缘低压电线型号定义和符号。

(2)基本标志。FL:单芯无屏蔽低压电缆。

(3)特殊结构标志。表 1-2 中列出了三种常见的特殊结构标志。

图 1-4 型号定义和符号

表 1-2 特殊结构标志

序号	表示方法	含 义
1	R	小于 DIN ISO 6722 T3,对于普通电线规定的绝缘厚度
2	S	大于 DIN ISO 6722 T3,对于普通电线规定的绝缘厚度
3	U	超薄型绝缘厚度

(4)绝缘和护套材料标志。表 1-3 列出了常见的绝缘和护套材料标志。

表 1-3 绝缘和护套材料标志

序号	表示方法	含 义
1	Y	PVC(聚氯乙烯)
2	YW	耐热 PVC(105℃)
3	YK	耐低温 PVC
4	X	PVC-X(X:交联)
5	2X	PE-X(X:交联)
6	2Y	PE(聚乙烯)

3. 日本标准汽车用耐热低压电线(AEX、AEX-F、AVX、AVX-F、AESSX、AESSX-F、AVSSX、AVSSX-F)

表 1-4 中列出了两种日本标准汽车耐热低压电线。

表 1-4　日本标准汽车耐热低压电线

产品种类	产品代号	耐热程度/℃
汽车用交联聚乙烯耐热低压电线	AEX、AEX-F、AESSX、AESSX-F	120
汽车用交联聚氯乙烯耐热低压电线	AVX、AVX-F、AVSSX、AVSSX-F	100

注：表中代号 AEX 和 AVX 的含义如下。
A：汽车用低压电线。EX：交联聚乙烯混合物。VX：交联聚氯乙烯混合物。ESSX：薄壁型交联聚乙烯混合物。VSSX：薄壁型交联聚氯乙烯混合物。

4. 日本标准汽车用低压电线（AV、AV-F、EB、HDAV）

电线种类及其代号如下。
A：汽车用低压电线。V：聚氯乙烯。EB：汽车蓄电池用薄壁聚氯乙烯绝缘电线。HDAV：加厚绝缘的 AV 电线。

5. 日本标准汽车用薄壁绝缘低压电线（AVS、AVS-F、AVSS、AVSS-F、CAVS*、CAV*、CAVUS*）

表 1-5 列出了常见的日本标准汽车用薄壁绝缘低压电线种类及代号。

表 1-5　日本标准汽车用薄壁绝缘低压电线种类及代号

产品种类	产品代号	绝缘厚度分级别/mm
1 型薄壁绝缘电线	AVS	标准绝缘厚度 0.50～0.70
2 型薄壁绝缘电线	AVSS、CAVS* 或 CAV*	标准绝缘厚度 0.30～0.40
3 型薄壁绝缘电线	CAVUS*	标准绝缘厚度 0.20

注：CAVS,CAV 和 CAVUS 表示圆形压紧导体。

6. 绞合线

绞合线中各股单根电线的结构和性能按绞合前电线标准执行,绞向可分为左绞（S）和右绞（Z）,左绞和右绞均为合格产品,但绞向必须和各单根电线中的铜丝绞向一致,绞距由顾客和供应商协商决定。

1.2.3　电线线径及结构

电线"粗细"用芯线的横截面积表示,单位为 mm^2。
电线线径的计算公式：
$$电线线径＝单根导线的横截面积×根数$$
图 1-5 所示为电线的结构。
表 1-6 列出了 QVR、QFR 和 QVR-105 电线结构；表 1-7 列出了 FLRY-A、FLRY-B 电线结构；表 1-8 列出了 AEX、AEX-F、AVX、AVX-F、AESSXF、AVSSXF 电线结构；表 1-9 列出了 AV、AV-F 电线结构；表 1-10 列出了 AVS、AVS-F 薄壁绝缘电线结构；表 1-11 列出了 CAVUS* 薄壁绝缘电线结构；表 1-12 列出了 AVSS、CAVS* 或 CAV* 薄壁绝缘电线结构。

(a) 素线(芯线)　　　　(b) 电线的正面图

图 1-5　电线的结构

表 1-6　QVR、QFR 和 QVR-105 电线结构

电线标称横截面积/mm²	电线结构/(根数/mm)	绝缘标称厚度/mm	平均外径上限/mm	20℃时的电线电阻/(Ω/km)	
				铜芯	镀锡铜芯
0.2	12/0.15	0.3	1.3	≤92.3	≤95.0
0.3	16/0.15	0.3	1.4	≤69.2	≤71.2
0.4	23/0.2	0.3	1.6	≤48.2	≤49.6
0.5	16/0.20	0.6	2.4	≤39.0	≤40.1
0.75	24/0.20	0.6	2.6	≤26	≤26.7
1.0	32/0.20	0.6	2.8	≤19.5	≤20.0
1.5	30/0.25	0.6	3.1	≤13.3	≤13.7
2.5	49/0.25	0.7	3.7	≤7.98	≤8.21
4	56/0.30	0.8	4.5	≤4.95	≤5.09
6	84/0.30	0.8	5.1	≤3.30	≤3.39
10	84/0.40	1.0	6.7	≤1.91	≤1.95
16	126/0.40	1.0	8.5	≤1.21	≤1.24
25	196/0.40	1.3	10.6	≤0.780	≤0.795
35	276/0.40	1.3	11.8	≤0.554	≤0.565
50	396/0.40	1.5	13.7	≤0.386	≤0.393
70	360/0.50	1.5	15.7	≤0.272	≤0.277
95	475/0.50	1.6	18.2	≤0.206	≤0.210
120	608/0.50	1.6	19.9	≤0.161	≤0.164

注：横截面积 0.2mm²~0.4mm² 仅适用于车辆内特殊使用场合

表 1-7　FLRY-A、FLRY-B 电线结构

型号	电线标称横截面积/mm²	电线结构/(根数/mm)	绝缘标称厚度/mm	平均外径上限/mm	20℃时的电线电阻/(Ω/km)	
					铜芯	镀锡铜芯
FLRY-A	0.22	7/0.21	0.20	1.2	≤84.8	≤86.5
	0.35	7/0.26	0.20	1.3	≤52.0	≤54.5
	0.5	19/0.19	0.22	1.6	≤37.1	≤38.2
	0.75	19/0.23	0.24	1.9	≤24.7	≤25.4
	1	19/0.26	0.24	2.1	≤18.5	≤19.1
	1.5	19/0.32	0.24	2.4	≤12.7	≤13.0
	2.5	19/0.41	0.28	3	≤7.6	≤7.8

续表

型号	电线标称横截面积/mm²	电线结构/(根数/mm)	绝缘标称厚度/mm	平均外径上限/mm	20℃时的电线电阻/(Ω/km)	
					铜芯	镀锡铜芯
FLRY-B	0.35	12/0.21	0.2	1.4	≤52.0	≤54.5
	0.5	16/0.21	0.22	1.6	≤37.1	≤38.2
	0.75	24/0.21	0.24	1.9	≤24.7	≤25.4
	1	32/0.21	0.24	2.1	≤18.5	≤19.1
	1.5	30/0.26	0.24	2.4	≤12.7	≤13.0
	2.5	50/0.26	0.28	3.0	≤7.6	≤7.8
	4	56/0.31	0.32	3.7	≤4.7	≤4.8
	6	84/0.31	0.32	4.3	≤3.1	≤3.2

表 1-8 AEX、AEX-F、AVX、AVX-F、AESSXF、AVSSXF 电线结构

型号	导体				绝缘	成品外径		20℃时电线电阻	
	标称横截面积/mm²	电线结构/(根数/mm)	计算横截面积/mm²	近似外径/mm	标称厚度/mm	标称/mm	最大/mm	光亮铜线/(Ω/km)	镀锡铜线/(Ω/km)
AEX-F、AVX-F	0.5f	20/0.18	0.508 7	1.0	0.5	2.0	2.2	≤36.7	≤38.6
AEX、AVX	0.5	7/0.32	0.562 9	1.0	0.5	2.0	2.2	≤32.7	≤34.6
AEX-F、AVX-F	0.75f	30/0.18	0.763 0	1.2	0.5	2.2	2.4	≤24.4	≤25.8
AEX、AVX	0.85	11/0.32	0.884 6	1.2	0.5	2.2	2.4	≤20.8	≤22.0
AEX-F、AVX-F	1.25f	50/0.18	1.273	1.5	0.6	2.7	2.9	≤14.7	≤15.5
AEX、AVX	1.25	16/0.32	1.287	1.5	0.6	2.7	2.9	≤14.3	≤15.1
AEX、AVX	2	26/0.32	2.091	1.9	0.6	3.1	3.4	≤8.81	≤9.30
AEX、AVX	3	41/0.32	3.297	2.4	0.7	3.8	4.1	≤5.59	≤5.90
AEX、AVX	5	65/0.32	5.228	3.0	0.8	4.6	4.9	≤3.52	≤3.72
AEX、AVX	8	50/0.45	7.952	3.7	0.8	5.5	5.6	≤2.32	≤2.45
AEX-F、AVX-F	2f	37/0.26	1.964	1.8	0.6	3.0	3.3	≤9.50	≤10.1
AVX-F	10f	7/27/0.26	10.03	4.5	1.0	6.5	6.9	≤1.9	≤1.98
AVX-F	12f	7/22/0.32	12.39	5.0	1.0	7.0	7.4	≤1.52	—
AEX-F、AVX-F	15f	19/9/0.32	13.75	5.3	1.1	7.5	8	≤1.37	—
AEX-F、AVX-F	20f	19/13/0.32	19.86	6.5	1.1	8.7	9.3	≤0.946	—
AESSXF	0.3f	19/0.16	0.382 1	0.8	0.3	1.4	1.5	≤48.8	—
AESSXF、AVSSXF	0.5f	19/0.19	0.538 7	1.0	0.3	1.6	1.7	≤34.6	—
AESSXF、AVSSXF	0.85f	19/0.23	0.789 5	1.2	0.3	1.8	1.9	≤23.6	—
AESSXF、AVSSXF	1.25f	37/0.21	1.282	1.5	0.3	2.1	2.2	≤14.6	—

表 1-9　AV、AV-F 电线结构

型号	标称横截面积 /mm²	导体			绝缘厚度 /mm	成品外径		20℃时电线电阻 /(Ω/km)	参考质量 /(g/m)
		电线结构 /(根/mm)	计算横截面积 /mm²	近似外径 /mm		标称 /mm	最大 /mm		
AV-F	0.5f	20/0.18	0.508 7	1.0	0.6	2.2	2.4	≤36.7	8
AV	0.5	7/0.32	0.562 9	1.0	0.6	2.2	2.4	≤32.7	9
AV-F	0.75f	30/0.18	0.763 0	1.2	0.6	2.4	2.6	≤24.4	12
AV	0.85	11/0.32	0.884 6	1.2	0.6	2.4	2.6	≤20.8	12
AV-F	1.25f	50/0.18	1.273	1.5	0.6	2.7	2.9	≤14.7	17
AV	1.25	16/0.32	1.287	1.5	0.6	2.7	2.9	≤14.3	17
AV	2	26/0.32	2.091	1.9	0.6	3.1	3.4	≤8.81	25
AV	3	41/0.32	3.297	2.4	0.7	3.8	4.1	≤5.59	39
AV	5	65/0.32	5.228	3.0	0.8	4.6	4.9	≤3.52	60
AV	8	50/0.45	7.952	3.7	0.9	5.5	5.8	≤2.32	90
AV	10	62/0.45	9.861	4.1	0.9	5.9	6.2	≤1.87	120
		63/0.45	10.02	4.5	1	6.5	6.9	≤1.82	120
		7/9/0.45	10.02	4.5	1	6.5	6.9	≤1.82	120
AV	15	84/0.45	13.36	4.8	1.1	7.0	7.4	≤1.38	150
AV-F	15f	19/9/0.32	13.752	5.3	1.1	7.5	8.0	≤1.37	160
AV	20	41/0.8	20.61	6.0	1.1	8.2	8.8	≤0.88	220
AV	30	70/0.8	35.19	8.0	1.4	10.8	11.5	≤0.520	390
AV	40	85/0.8	42.73	8.6	1.4	11.4	12.1	≤0.428	450
AV	50	108/0.8	54.29	9.8	1.6	13.0	13.8	≤0.337	590
AV	60	127/0.8	63.84	10.4	1.6	13.6	14.4	≤0.287	680
AV	85	169/0.8	84.96	12.0	2.0	16.0	17.0	≤0.215	910
AV	100	217/0.8	109.1	13.6	2.0	17.6	18.0	≤0.168	1100

表 1-10　AVS、AVS-F 薄壁绝缘电线结构

型号	标称横截面积 /mm²	导体			20℃时电线电阻 /(Ω/km)	绝缘厚度		成品外径	
		电线结构 /(根数/mm)	计算横截面积 /mm²	近似外径 /mm		标称 /mm	最小 /mm	标称 /mm	最大 /mm
AVS	0.3	7/0.26	0.371 6	0.8	≤50.20	0.5	0.32	1.8	1.9
AVS	0.5	7/0.32	0.562 9	1.0	≤32.70	0.5	0.32	2.0	2.1
AVS	0.85	16/0.26	0.849 4	1.2	≤22.00	0.5	0.32	2.2	2.3
AVS		11/0.32	0.884 6	1.2	≤20.80	0.5	0.32	2.2	2.3
AVS	1.25	16/0.32	1.287 0	1.5	≤14.30	0.5	0.32	2.5	2.6
AVS	2	26/0.32	2.091 0	1.9	≤8.81	0.5	0.32	2.9	3.1
AVS	3	41/0.32	3.297 0	2.4	≤5.59	0.6	0.40	3.6	3.8
AVS	5	65/0.32	5.228 0	3.0	≤3.52	0.7	0.48	4.4	4.6
AVS-F	0.3f	15/0.18	0.381 7	0.8	≤48.9	0.5	0.32	1.8	1.9

续表

型号	标称横截面积 /mm²	导体				绝缘厚度		成品外径	
		电线结构 /(根数/mm)	计算横截面积 /mm²	近似外径 /mm	20℃时电线电阻 /(Ω/km)	标称 /mm	最小 /mm	标称 /mm	最大 /mm
AVS-F	0.5f	20/0.18	0.508 7	1.0	≤36.70	0.5	0.32	2.0	2.1
AVS-F	0.75f	30/0.18	0.763 0	1.2	≤24.40	0.5	0.32	2.2	2.3
AVS-F	1.25f	50/0.18	1.273 0	1.5	≤14.70	0.5	0.32	2.5	2.6
AVS-F	2f	37/0.26	1.964 0	1.9	≤9.50	0.5	0.32	2.9	3.1
AVS-F	3f	58/0.26	3.079	2.3	≤6.06	0.6	0.4	3.5	3.7
	3f	61/0.26	3.239	2.3	≤5.76	0.6	0.4	3.5	3.8
AVS-F	5f	7/30/0.18	5.344	3.4	≤3.56	0.7	0.48	4.8	5.1
AVS-F	8f	7/22/0.26	7.952	3.7	≤3.32	0.8	0.64	5.3	5.6
AVS	8	50/0.45	7.952	3.7	≤3.32	0.8	0.64	5.3	5.6

表1-11 CAVUS*薄壁绝缘电线结构

型号	标称横截面积 /mm²	导体				绝缘厚度		成品外径	
		电线结构 /(根数/mm)	计算横截面积 /mm²	近似外径 /mm	20℃时电线电阻 /(Ω/km)	标称 /mm	最小 /mm	标称 /mm	最大 /mm
CAVUS	0.3	7/根紧压	0.371 6	0.7	≤50.2	0.20	0.16	1.1	1.2
CAVUS	0.5	7/根紧压	0.562 9	0.9	≤32.7	0.20	0.16	1.3	1.4
CAVUS	0.85	7/根紧压	0.879 6	1.1	≤20.8	0.20	0.16	1.5	1.6
CAVUS		11/根紧压	0.884 6	1.1	≤20.8	0.20	0.16	1.5	1.6
CAVUS	1.25	16/根紧压	1.287 0	1.4	≤14.3	0.20	0.16	1.8	1.9

表1-12 AVSS、CAVS*或CAV*薄壁绝缘电线结构

型号	标称横截面积 /mm²	导体				绝缘厚度		成品外径	
		电线结构 /(根数/mm)	计算横截面积 /mm²	近似外径 /mm	20℃时电线电阻 /(Ω/km)	标称 /mm	最小 /mm	标称 /mm	最大 /mm
AVSS	0.3	7/0.26	0.371 6	0.8	50.2	0.30	0.24	1.4	1.5
CAVS*、CAV*		7/根紧压	0.371 6	0.7	50.2	0.35	0.28	1.4	1.5
AVSS	0.5	7/0.32	0.562 9	1.0	32.7	0.30	0.24	1.6	1.7
CAVS*、CAV*		7/根紧压	0.562 9	0.9	32.7	0.35	0.28	1.6	1.7
AVSS	0.85	19/0.24	0.859 6	1.2	21.7	0.30	0.24	1.8	1.9
AVSS		7/0.40	0.879 6	1.1	20.8	0.30	0.24	1.8	1.9
CAVS*、CAV*		7/根紧压	0.879 6	1.1	20.8	0.35	0.28	1.8	1.9
CAVS*、CAV*		11/根紧压	0.884 6	1.1	20.8	0.35	0.28	1.8	1.9
AVSS	1.25	19/0.29	1.255 0	1.5	14.9	0.30	0.24	2.1	2.2
CAVS*、CAV*		16/根紧压	1.287 0	1.4	14.3	0.35	0.28	2.1	2.2

续表

型 号	标称横截面积 /mm²	导体				绝缘厚度		成品外径	
		电线结构 /(根数/mm)	计算横截面积 /mm²	近似外径 /mm	20℃时电线电阻 /(Ω/km)	标称 /mm	最小 /mm	标称 /mm	最大 /mm
AVSS	2	19/0.37	2.043 0	1.9	9.00	0.40	0.32	2.7	2.8
AVSS-F	0.3f	19/0.16	0.382 1	0.8	48.8	0.30	0.24	1.4	1.5
AVSS-F	0.5f	19/0.19	0.538 7	1.0	34.6	0.30	0.24	1.6	1.7
AVSS-F	0.75f	19/0.23	0.789 5	1.2	23.6	0.30	0.24	1.8	1.9
AVSS-F	1.25f	37/0.21	1.282 0	1.5	14.6	0.30	0.24	2.1	2.2
AVSS-F	2f	37/0.26	1.964 0	1.8	9.50	0.40	0.32	2.6	2.7

1.2.4 电线的颜色

电线颜色的代号见表1-13。电线根据底色和标志来分色,颜色识别顺序见表1-14。

表1-13 电线的颜色代号

颜色	黑	白	红	绿	黄	橙	粉	紫	棕	灰	蓝	浅绿
颜色代号	B	W	R	G	Y	O	P	V	Br	Gr	L	Lg

表1-14 颜色识别顺序

1	2	3	4	5	6
B	BW	BY	BR	—	—
W	WR	WB	WL	WY	WG
R	RW	RB	RY	RG	RL
G	GW	GR	GY	GB	GL
Y	YR	YB	YG	YL	YW
Br	BrW	BrR	BrY	BrB	—
L	LW	LR	LY	LB	—
Lg	Lg	Lg	Lg	Lg	—

注:颜色识别由两种颜色组成时,第一种颜色表示底色,第二种颜色表示颜色标志。例如,BW表示底色B上有标志色W。

双色线是电线绝缘层上有两种颜色,主色色带宽,辅色色带窄,如图1-6所示。

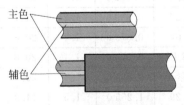

图1-6 电线的颜色

1.2.5 常用端子

1. 端子的作用

端子在连接电线、传递电流和电气信号中起重要作用。

2. 常用端子的材质和性能

电线束连接器端子要求有稳定的接触电阻,良好的机械强度和耐久性,同时还要有较轻的重量,易加工成较小的尺寸,并且有一定的弹性。常用的端子材料及特点见表1-15。

表1-15 常用的端子材料及特点

端子材料	特　点
铜(Cu)	呈红色,较贵重的金属,软,易弯曲,很高的导电性和导热性,耐腐蚀,极好的操作性
黄铜(CuZn)	呈黄色,铜和锌的合金,含60%～96%的铜,良好的弹性材料,可接受的导电性,很好的操作性,易于焊接
锡磷青铜(CuSn)	呈红色,铜和锡的合金,良好的弹性材料,弹性在黄铜和铍青铜之间,导电性能比黄铜差,对应力腐蚀不敏感,价格比黄铜高
铍青铜(CuBe)	呈黄色,弹性很好,疲劳强度好,耐腐蚀、耐磨损,价格极高,约是黄铜的5倍
铜镍锌合金(CuNiZn)	呈银白色,含Cu 65%,Ni 12%,Zn 23%,导电性能接近黄铜,耐腐蚀,耐强电压
钢(Fe)	呈灰色,应用温度可达250℃,导电性差,弹性好,耐磨损
镍(Ni)	呈银灰色,应用温度可达650℃,耐腐蚀,好的强度和比较好的导电性

具体性能和试验方法请参照《车用电线束插接器》(QC/T 417—2001)。

3. 常用端子的镀层

(1) 锡。锡(Sn)呈银白色,暗或有光泽。锡比较软,比较廉价,容易焊接。镀锡的方法有三种:预镀锡、预覆层和电镀。镀层厚度在 $2\mu m \sim 12\mu m$。黄铜或青铜镀锡耐温110℃,钢镀锡可达190℃。

(2) 金。电镀金(Au)是最优质的镀层。金较软,很耐腐蚀,在纯酸里不溶解,导电性好,较昂贵,因此有选择性的使用镀金工艺更为合理,即只在连接部分镀金。镀金通常选择先镀镍,以达到更好的防腐效果。镀金厚度一般在 $0.4\mu m \sim 3.5\mu m$。

(3) 钯。钯(Pd)属于贵金属,其导电率比金差。钯用于电镀,在某些范围可代替镀金。

(4) 镍。镍(Ni)是银白色金属,导电率差,坚硬,表面光滑,经常用于镀金的底镀层,焊接性差,钢接触件大多采用镀镍(必须先镀铜)。紫铜镀镍可耐温340℃,黄铜和青铜镀镍则可达250℃。

(5)银。银(Ag)属于贵重金属,有光泽、白色,质地软,导电性好,因容易惰性氧化,所以易失去光泽。黄铜或青铜镀银可耐温110℃,紫铜镀银则可耐温250℃。

(6)铜。铜(Cu)经常用于基础镀层和镀锡接触件来改进可焊性。为了获得更好的附着力,钢选择镀铜较多。

4. 常用端子的形状和类别

(1)按照形状和用途分类,常见的端子分类如图1-7所示。

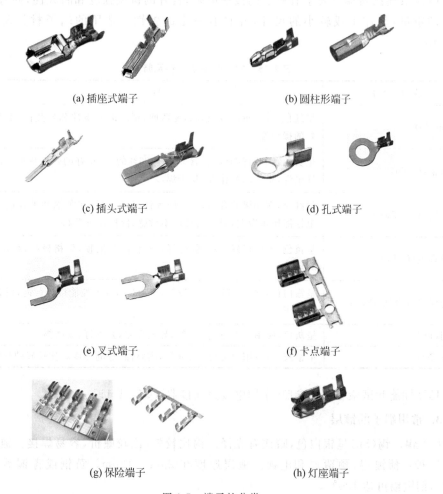

图1-7 端子的分类

(2)端子盘中端子与端子之间可通过料带进行纵向或横向连接,如图1-8和图1-9所示。

图1-8 纵向连接端子

图 1-9 横向连接端子

1.2.6 防水栓

防水栓是用弹性体(胶皮)制作的一种堵塞物,主要用于易进水的引擎室内的防水、防尘和电极保护,在电线束设计中,主要用于防水护套的端子插入口的防水以及预防盐等对端子的腐蚀,可分为独立防水栓和一体防水栓两类。

1. 独立防水栓

独立防水栓是防水栓逐个装在端子上,并且插入端子盒的内腔也是独立的,如图 1-10 所示。

2. 一体防水栓

一体防水栓是一个端子盒使用一个一体防水栓。端子(电线)穿过一体防水栓插入端子盒。一体防水栓上有空回路时,要插入防水棒防止水进入,如图 1-11 所示。

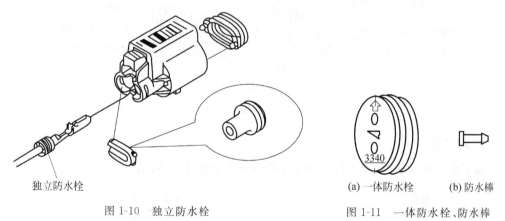

图 1-10 独立防水栓　　　　图 1-11 一体防水栓、防水棒

1.2.7 护套

护套是由塑料注塑而成的连接器,起到保护连接点和连接各种用电器的作用。护套支撑保护端子,使之牢固接触,并有准确定位、防尘、防污、防湿、绝缘保护等作用。

1. 一般型护套

一般型护套用于车中沾不到水的地方(驾驶室内),如图 1-12 所示。

2. 防水型护套

防水型护套用于车中能沾到水的地方(发动机舱等),如图 1-13 所示。

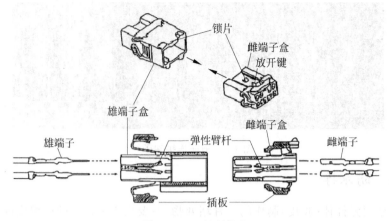

图 1-12　一般型护套

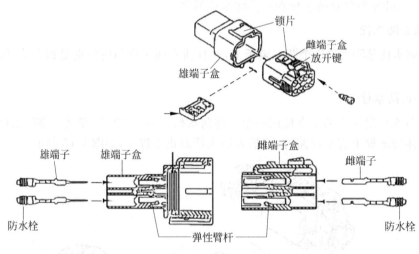

图 1-13　防水型护套

3. 端子盒

端子盒的雄端子、雌端子以及相互结合的状态如图 1-14 所示。

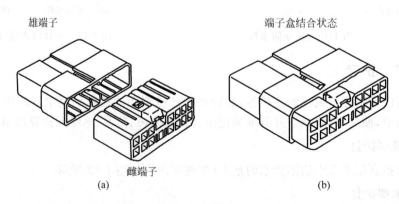

图 1-14　端子盒

4. 两重固定端子盒

两重固定端子盒端子被弹性臂杆固定,但是为了保证完全插入,提高保持力,要用插板等部件进行两重固定,如图1-15所示。

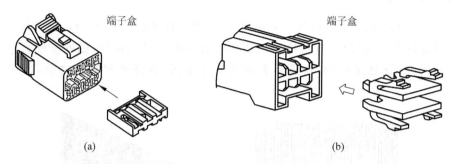

图1-15 两重固定端子盒

5. 护套与端子的结合

护套与端子的结合是一个简单的装配配合,护套与端子的固定锁死通过护套内的舌(或台)同端子的锁孔(或锁舌)实现,不同系列的护套锁死装置的位置和形状各不相同,但达到的目的是一样的,对于一些安全性能要求较高的护套和端子,一般设有二次锁死装置或者锁死加保险等装置,其目的也是保持端子在护套内的稳定性,如图1-16所示。

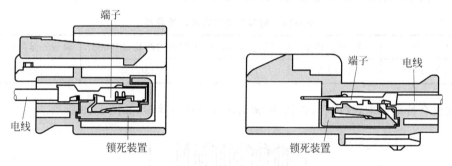

图1-16 护套与端子的结合

护套与护套之间通过互锁装置进行锁死,保证端子之间接触的稳定性,如图1-17所示。

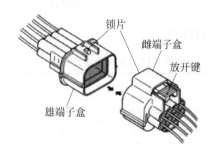

图1-17 护套与端子的互锁

端子装入护套的插入力、端子在护套内的保持力、护套之间锁死的保持力参照标准《车用电线束插接器》(QC/T 417—2001)规定。

1.2.8 波纹管

根据汽车电线束行业及电气工业使用要求,波纹管基本色别为黑色,聚乙烯阻燃波纹管色泽允许略呈灰黑色,有特殊要求或警告目的的可以用黄色(如安全气囊电线束波纹管)。波纹管色泽应均匀,管子表面的光泽不同,有亮光和暗光之分,如图 1-18 所示。

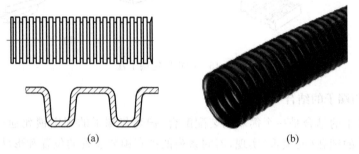

图 1-18 波纹管

一般根据耐温等级来确定波纹管种类,见表 1-16。

表 1-16 耐温等级确定波纹管种类

种 类	聚丙烯(PP)	尼龙 6(PA6)	聚丙烯改良(PPmod)	磷酸三苯酯(TPE)
耐温等级/℃	100±3	120±3	130±3	175±3

如没有特殊要求,按内径、外径、壁来对波纹管进行检验,如图 1-19 所示。

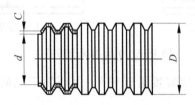

图 1-19 波纹管检验项目

表 1-17 列出了波纹管的常用参数。

表 1-17 波纹管常用参数

序号	项目及单位 规格	ϕd 内径/mm	ϕD 外径/mm	C 壁厚/mm	包装量 L/m 大包	小包
1	4.5	5.20±0.3	7.0±0.3	0.10~0.20	2 000	500
2	6.5	6.50±0.3	9.0±0.3	0.12~0.22	2 000	500
3	7.5	7.50±0.3	10.3±0.3	0.15~0.25	2 000	500

续表

序号	项目及单位 规格	ϕd 内径/mm	ϕD 外径/mm	C 壁厚/mm	包装量 L/m 大包	小包
4	8.5	8.50±0.3	11.3±0.3	0.15～0.25	1 600	400
5	9	9.30±0.3	13.0±0.3	0.2～0.30	1 600	400
6	10	10.0±0.3	13.6±0.3	0.2～0.30	1 600	400
7	11	11.0±0.3	14.6±0.3	0.2～0.30	800	200
8	12	12.0±0.3	15.5±0.3	0.2～0.30	800	200
9	13	13.3±03	16.5±0.3	0.2～0.30	800	200
10	14	14.0±0.3	17.5±0.3	0.2～0.30	800	200
11	15	15.0±0.4	18.5±0.4	0.2～0.30	800	200
12	16	16.0±0.4	20.0±0.4	0.2～0.30	800	200
13	17	17.0±0.4	20.5±0.4	0.2～0.30	400	100
14	18	18.0±0.4	22.5±0.4	0.25～0.35	400	100
15	19	19.0±0.4	23.5±0.4	0.25～0.35	400	100
16	20	20.0±0.4	24.5±0.4	0.25～0.35	400	100
17	22	22.0±0.4	26.5±0.4	0.25～0.35	400	100
18	23	23.0±0.5	27.5±0.5	0.25～0.35	400	100
19	25	25.0±0.5	29.5±0.5	0.30～0.40	400	100
20	28	28.0±0.5	33.5±0.5	0.30～0.40	200	50
21	30	30.0±0.5	34.5±0.5	0.30～0.40	200	50
22	35	35.0±0.5	39.5±0.5	0.30～0.40	200	50
23	40	40.0±0.5	45.0±0.5	0.30～0.40	200	50

1.2.9 PVC 管

聚氯乙烯软管简称 PVC 管,如图 1-20 所示。常用的 PVC 管的颜色有黑色、黄色、灰色等,黄色 PVC 管一般使用于安全气囊等安全部件上,PVC 管比波纹管柔软,厚度根据使用产品的特性决定。

图 1-20 PVC 管

PVC 管内径、壁厚及极限偏差应符合表 1-18 的规定。

表 1-18 PVC 管内径、壁厚及极限偏差   单位：mm

内径		壁厚		备注
公称值	极限偏差	公称值	极限偏差	
3.5	+0.30 −0.20	0.5	+0.1 −0.08	(1) 每卷长度原则上应连续，如有断头，每卷最多允许有 2 处断头。 (2) 单断头长度应不小于 20m
4.0	+0.40 −0.30			
4.5				
5.0				
6.0				
7.0	+0.60 −0.40			
8.0				
9.0				
10.0		0.6	+0.12 −0.06	
12.0	+1.00 −0.50			
14.0				
16.0				
18.0	+1.20 −0.80	1.0	+0.15 −0.06	
20.0				
22.0				
25.0				
28.0		1.2	+0.20 −0.06	
30.0				
34.0				
36.0	+1.50 −1.00	1.6		
40.0				

注：可以与生产厂家协商，定制所需规格的 PVC 管。

按耐温等级不同，PVC 管可分为以下规格，见表 1-19。

表 1-19 PVC 管耐温等级

种类	一般	耐高温
耐温等级/℃	80	105

1.2.10 热缩管

常用的热缩管分为单壁热缩管 DBG 和双壁热缩管 SCG，如图 1-21 所示。双壁热缩管的绝缘密封性能高于单壁热缩管，一般用于发动机舱线束。汽车电线束常用双壁热缩管的颜色为黑色。

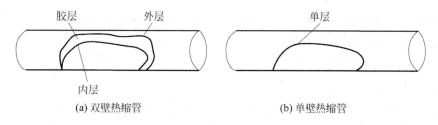

图 1-21 热缩管

1. 单壁热缩管

单壁热缩管的标记代码含义如图 1-22 所示。

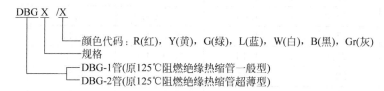

图 1-22 单壁热缩管的标记代码含义

产品规格应符合表 1-20 和表 1-21 的规定。

表 1-20 DBG-1 管规格

规格/mm	收缩后/mm		收缩前/mm		
	内径最大值	壁厚最小值	内径范围	壁厚最小值	偏心率
φ1.0	0.8	0.30	1.5±0.3	0.18	
φ1.5	1.05	0.35	2.2±0.3	0.18	
φ2.0	1.3	0.40	2.6±0.3	0.18	
φ2.5	1.55	0.40	3.1±0.3	0.20	
φ3.0	1.8	0.45	3.7±0.3	0.20	
φ3.5	2.05	0.45	4.2±0.3	0.20	
φ4.0	2.3	0.50	4.7±0.3	0.20	
φ4.5	2.55	0.55	5.3±0.3	0.21	
φ5.0	2.8	0.55	5.8±0.3	0.21	
φ6.0	3.3	0.60	6.8±0.3	0.21	<30%
φ7.0	3.8	0.60	7.7±0.3	0.21	
φ8.0	4.3	0.60	8.7±0.4	0.21	
φ9.0	4.8	0.60	9.7±0.4	0.21	
φ10.0	5.3	0.60	10.7±0.4	0.21	
φ11.0	5.8	0.60	11.7±0.4	0.21	
φ12.0	6.2	0.60	13.0±0.4	0.24	
φ13.0	6.5	0.65	13.7±0.4	0.24	
φ14.0	7.0	0.65	14.9±0.4	0.24	
φ15.0	7.7	0.70	15.9±0.4	0.24	

续表

规格/mm	收缩后/mm		收缩前/mm		偏心率
	内径最大值	壁厚最小值	内径范围	壁厚最小值	
φ16.0	8.0	0.70	17.0±0.5	0.24	<30%
φ18.0	9.0	0.80	19.1±0.5	0.24	
φ20.0	10.0	0.85	21.0±0.6	0.32	
φ22.0	11.0	0.85	23.0±0.6	0.32	
φ24.0	12.0	0.95	23.0±1.0	0.32	
φ25.0	12.5	0.95	27.1±1.0	0.32	
φ28.0	14.0	1.05	28.6±1.0	0.32	
φ30.0	15.0	1.05	31.4±1.0	0.32	<40%
φ35.0	17.5	1.05	36.1±1.0	0.32	
φ40.0	20.0	1.15	41.9±1.0	0.32	
φ45.0	22.5	1.15	45.0±1.0	0.32	
φ50.0	25.0	1.15	50.0±1.0	0.32	

注：偏心率=(1-最薄壁厚/最厚壁厚)×100%。

表1-21 DBG-2管规格

规格/mm	收缩后/mm		收缩前/mm		偏心率
	内径最大值	壁厚最小值	内径范围	壁厚最小值	
φ1.0	0.5	0.20	1.4±0.3	0.06	<30%
φ1.5	0.75	0.20	2.0±0.3	0.06	
φ2.0	1.0	0.20	2.5±0.3	0.06	
φ2.5	1.25	0.20	2.9±0.3	0.09	
φ3.0	1.5	0.20	3.5±0.3	0.09	
φ3.5	1.75	0.25	4.0±0.3	0.09	
φ4.0	2.0	0.25	4.6±0.3	0.09	
φ5.0	2.5	0.25	5.6±0.3	0.09	
φ6.0	3.0	0.30	6.6±0.3	0.14	
φ7.0	3.5	0.30	7.6±0.3	0.14	
φ8.0	4.0	0.30	8.6±0.4	0.14	
φ9.0	4.5	0.35	9.6±0.4	0.14	
φ10.0	5.0	0.35	10.6±0.4	0.14	
φ11.0	5.5	0.35	11.6±0.4	0.17	
φ12.0	6.0	0.35	12.6±0.4	0.17	

注：偏心率=(1-最薄壁厚/最厚壁厚)×100%。

2. 双壁热缩管

双壁热缩管的标记代码含义如图1-23所示。

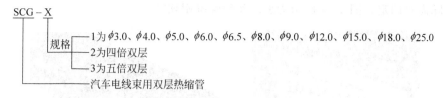

图 1-23 双壁热缩管的标记代码含义

双壁热缩管产品规格应符合表 1-22 的规定。

表 1-22 双壁热缩管规格

规格/mm	标 称	收缩前内径最小值/mm	收缩后内径最大值/mm	收缩后最小壁厚/mm	收缩后胶层厚度/mm	偏心率
SCG-X(ϕ3.0)	ES-2000 系列 ES-1000 系列 ATUM 系列 1GM 972 913 1GM 972 913A 1GM 972 913B	3.0	1.00	1.10	0.55±0.05	<30%
SCG-X(ϕ4.0)		4.0	1.34	1.15	0.58±0.05	
SCG-X(ϕ5.0)		5.0	1.65	1.30	0.65±0.05	
SCG-X(ϕ6.0)		6.0	2.00	1.50	0.75±0.05	
SCG-X(ϕ6.5)		6.5	2.20	1.60	0.80±0.05	
SCG-X(ϕ8.0)		8.0	2.67	1.80	0.90±0.05	
SCG-X(ϕ9.0)		9.0	3.00	1.90	0.95±0.05	<40%
SCG-X(ϕ12.0)		12.0	4.00	2.20	1.10±0.05	
SCG-X(ϕ15.0)		15.0	5.00	3.10	1.50±0.05	
SCG-X(ϕ19.0)		19.0	6.30	3.30	1.70±0.05	
SCG-X(ϕ25.0)		25.0	8.00	3.50	1.90±0.05	

注：(1) 偏心率=(最厚处壁厚－最薄处壁厚/最厚处壁厚)×100%。
(2) 在保证偏心率的情况下，壁厚应在规定的范围内。

单、双壁热缩管根据材质等因素的不同导致热缩管的收缩比不同，通常收缩比为 2∶1、3∶1、4∶1。大收缩比的热缩管可定制，热缩管收缩比见表 1-23。

表 1-23 热缩管收缩比

种 类	横向收缩	纵向收缩	起始收缩温度/℃	完全收缩温度/℃
PE 热缩管	≥2 倍	≤8%	70	120
PVC 热缩管	≥2 倍	≤12%	90	125
PET 热收缩	≥2 倍	≤8%	90	120
氟橡胶热缩管	2 倍	≤8%	150	175
聚烯烃热缩管	2～4 倍	≤8%	105	130

1.2.11 电刷软管

电刷软管(玻璃丝纤维电刷软管)根据外部涂漆的绝缘材质不同有不同的称呼，如管外绝缘材质为聚氯乙烯时，此电刷软管称为聚氯乙烯玻璃纤维漆管，此外还有丙烯酸酯玻璃纤维漆管、硅橡胶玻璃纤维漆管、聚氨酯玻璃纤维软管、丙烯酸酯玻璃纤维软管等，颜色根据实际需要确定。图 1-24 所示为玻璃丝纤维电刷软管。

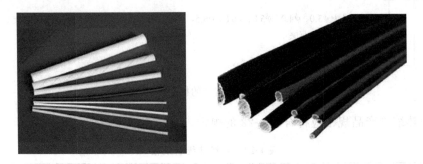

图 1-24　玻璃丝纤维电刷软管

1.2.12　常用固定件

1. 固定件

扎带、卡扣、壳体、支架等都属于固定件，其作用是将电线束或者电线束上的零部件牢固定位，防止电线束或者电线束上的部件与其他部件摩擦碰撞产生噪声以及损坏绝缘而导致的不安全因素。常用的固定件如图 1-25 所示。

图 1-25　固定件

2. 护板

护板可以把电线束集合成与车体形状相符的复杂形状，但是没有柔韧性，如图 1-26 所示。

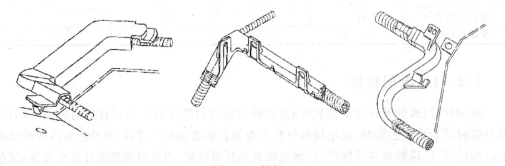

图 1-26　护板

3. 固定钩

固定钩是把电线束安装到车体上的部件。

1) 固定钩的分类

按固定方法分类：胶带固定、两侧固定、单侧固定、COT夹入固定、夹带枪固定、结合固定。

按固定结构分类：夹入式、螺钉固定式、插入式。

按形状分类：直上型、侧钩型。

2) 安装方法

(1) 胶带两侧固定夹入式：直上型、侧钩型，如图1-27所示。

(a) 直上型　　　　　　　　　　　　(b) 侧钩型

图1-27　胶带两侧固定夹入式

(2) 胶带两侧固定螺钉固定式（插入式）：直上型、侧钩型，如图1-28所示。

 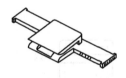 

图1-28　胶带两侧固定螺钉固定式（插入式）

(3) 胶带单侧固定夹入式：直上型、侧钩型，如图1-29所示。

(4) 胶带单侧固定螺钉固定式（插入式），如图1-30所示。

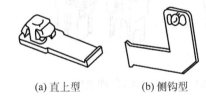 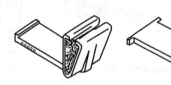

(a) 直上型　　　(b) 侧钩型

图1-29　胶带单侧固定夹入式　　　图1-30　胶带单侧固定螺钉固定式（插入式）

(5) COT夹入固定式：夹入式、螺栓固定式（插入式）、异形，如图1-31所示。

  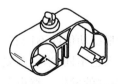

(a) 夹入式　　　(b) 螺栓固定式(插入式)　　　(c) 异形

图1-31　COT夹入固定式

(6) 软带固定式,如图 1-32 所示。

(7) 护套结合固定夹入式,如图 1-33 所示。

(a) 夹入式　　(b) 螺钉固定式(插入式)　　(c) 异形

图 1-32　软带固定式　　　　　　　　图 1-33　护套结合固定夹入式

1.2.13　常用保险和继电器

1. 保险

1) 保险的分类

根据形状分类:玻璃管式保险、自动保险、小型保险、可熔性电线、断路器、缓熔断型保险。

2) 保险的种类

保险的种类如图 1-34 所示。

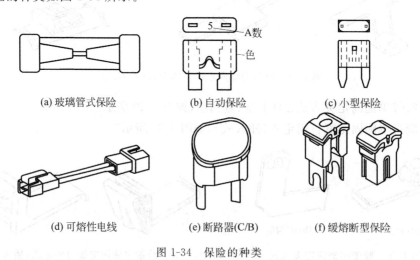

(a) 玻璃管式保险　　(b) 自动保险　　(c) 小型保险

(d) 可熔性电线　　(e) 断路器(C/B)　　(f) 缓熔断型保险

图 1-34　保险的种类

保险对回路(包括用电器)电流起过载保护作用,常用的保险实物如图 1-35 所示。

2. 继电器

继电器一般根据功能的不同有三脚、四脚、五脚、八脚等继电器,根据电器功率的不同其额定电流的要求也不同,当实际安装的继电器不符合要求时可能会导致继电器的损伤、无法工作、烧车事故的发生。继电器如图 1-36 所示。

图 1-35　常用的保险

图 1-36　继电器

1.2.14　二极管

二极管的特性是单向导电性,电线束中使用二极管的目的就是阻止电流在导线中反向通过,实物如图 1-37 所示。

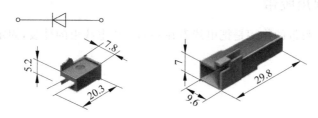

图 1-37　二极管

1.2.15　常用橡胶(胶圈)

电线束上常用的橡胶类材料有胶套(橡胶件)、导线防水栓(密封塞)、盲栓(盲堵)、护套密封圈等,其主要作用是密封保护,实现孔的密封和电线束的保护,实物如图 1-38 所示。

图 1-38　胶圈

电线束在穿过车体隔壁时使用胶圈以保护电线。根据胶圈的材质不同,可起到防水、防尘、隔声等作用。几种常见的胶圈如图 1-39 所示。

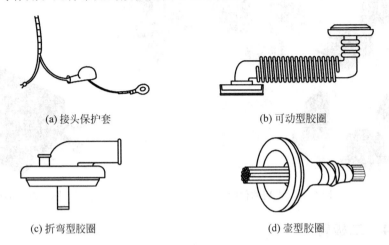

图 1-39　各种胶圈

1.2.16　常用胶带

汽车电线束中胶带的作用是把电线卷在一起形成电线束的外装,固定回路,通过胶带颜色进行种类识别。

1. 胶带分类

1) PVC 胶带

PVC 胶带全称为聚氯乙烯电气绝缘压敏胶粘带,其基材为软质 PVC 膜,粘胶为天然橡胶、压克力胶、合成橡胶等为主料的胶层,具有良好的耐温、耐寒、耐腐蚀、耐油污、阻燃等特性。PVC 胶带的颜色有黑、白、蓝、绿、黄、红、灰及透明等多种颜色,规格(宽×长)一般为 8mm×10mm、10mm×10mm、12mm×10mm、19mm×20mm、38mm×20mm,宽和长的单位分别为 mm 和 m,胶带的标准厚度一般为 0.12mm、0.15mm、0.2mm、0.25mm。

2) 布基胶带

布基胶带简称 PET 胶带,常用的布基胶带有以下几种类型。

涤纶布基胶带基材为耐油性的高品质聚酯布基,粘胶为丙烯酸压敏胶,具有高强度、高粘贴性能、耐腐蚀、不易撕裂、柔韧性好、耐油污、耐高温、耐磨损、耐老化的特点。工作温度范围是-40~150℃。

绒布胶带基材为聚酰胺绒布,粘胶为丙烯酸压敏胶、压克力胶。具有高的粘贴性能、高的降噪性、柔韧性好、耐油、耐老化、耐磨损等性能。绒布胶带由于附加配料的不同其工作的温度范围一般为-40~105℃、-40~125℃、-40~130℃,胶带厚度一般为 0.3mm~0.8mm。

电气绝缘胶带基材为丙烯酸纤维布,粘胶为橡胶,耐磨损、易撕裂。胶带工作的温度范围为-40~130℃,胶带厚度为 0.3mm。

3）海绵胶带

汽车电线束海绵胶带是选用高密度阻燃海绵为基材,经专业技术处理后,涂特制配方压敏胶制造而成,防振降噪,如图 1-40 所示。

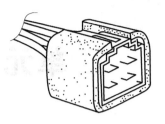

图 1-40　海绵胶带

2. 胶带规格

胶带一般按宽度有 8mm、10mm、12mm、19mm、25mm、38mm 等规格。

3. 胶带的应用

外装胶带一般用于包裹、加固、固定多股电线或元件。开口胶带易撕断,通常用来临时固定散开的电线束,或者保护连接器端子。胶带的应用如图 1-41 所示。

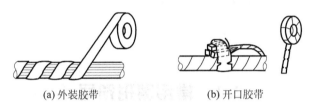

(a) 外装胶带　　　　　　(b) 开口胶带

图 1-41　胶带的应用

单元 2

汽车电路读图基础

2.1 常用图形符号

在汽车电路原理图中,为方便表达各汽车电器部件的电路逻辑关系,常常要使用简化的图形符号代表汽车电器部件。目前,较为常用且被广泛接受的图形符号有一百多个,表 2-1 是汽车电路常用的图形符号及名称。

表 2-1 汽车电路常用的图形符号及名称

名称	图形符号	名称	图形符号	名称	图形符号
电喇叭	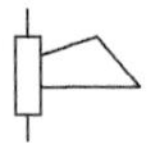	扬声器		电子防盗报警系统	
指示灯及灯泡	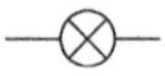	SRS 指示灯		ABS 指示灯	
EBD 指示灯	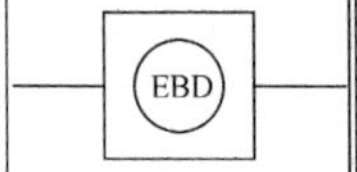	发动机故障指示灯	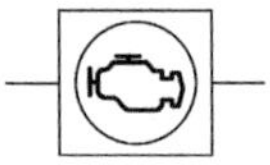	发动机维修指示灯	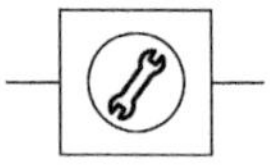
前雾灯指示灯		后雾灯指示灯		安全带未系紧指示灯	
机油压力低指示灯		制动故障指示灯		驻车制动指示灯	

续表

名称	图形符号	名称	图形符号	名称	图形符号
燃油量低指示灯	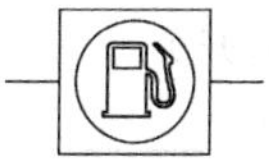	水温指示灯	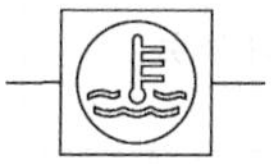	后除霜指示灯	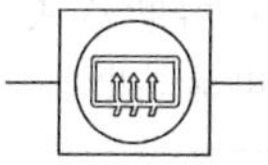
蓄电池充电指示灯	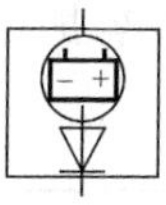	车门未关紧指示灯		右转向指示灯	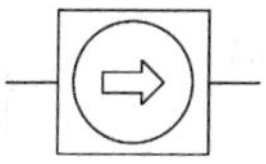
左转向指示灯	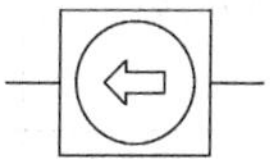	屏蔽线	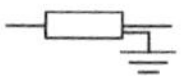	绞合线	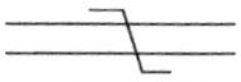
蓄电池		蓄电池组		电线交叉	
电线交叉连接		电线分支连接		负极接地	
保护搭铁		电阻器	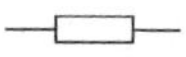	可变电阻	
滑变电阻	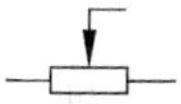	热敏电阻	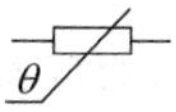	调光电阻	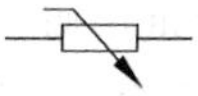
电容		可变电容		极性电容	
二极管	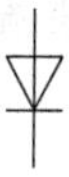	发光二极管	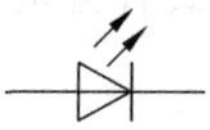	光电二极管	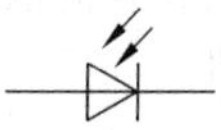
稳压二极管	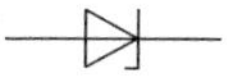	双向稳压二极管	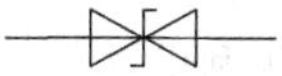	温度效应二极管	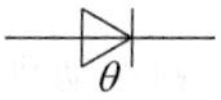
PNP型三极管		NPN型三极管		NPN型三极管集电极接管壳	
三极晶体闸流管	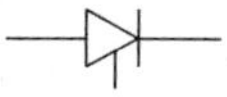	熔断器	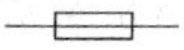 或 	易熔线	

续表

名称	图形符号	名称	图形符号	名称	图形符号
板式熔断器或大电流熔断器		单向开关	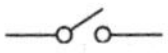	双向开关	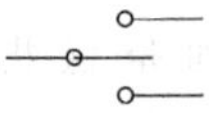
动合（常开）触点		动断（常闭）触点	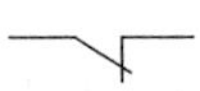	双动合触点	
双动断触点		手动开关		按钮开关	
旋钮开关		压力开关	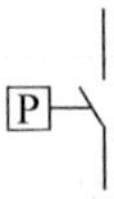	油压开关	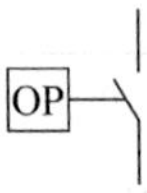
热敏开关	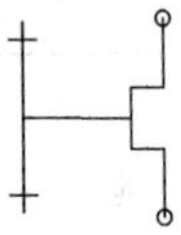	机械操纵式开关	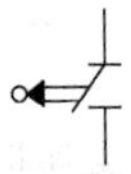	断路器	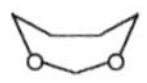
直流发电机		星形绕组定子交流发电机		三角形绕组定子交流发电机	
外接电压调节器与交流发电机	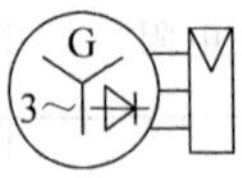	整体式交流发电机		直流电动机	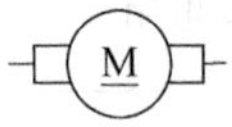
串激式直流电动机	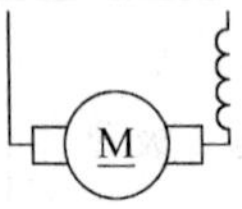	并激式直流电动机	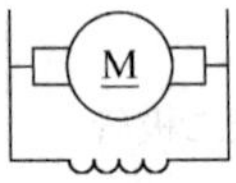	永磁式直流电动机	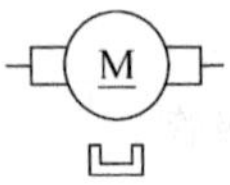
后雨刮电动机（带自动复位功能）	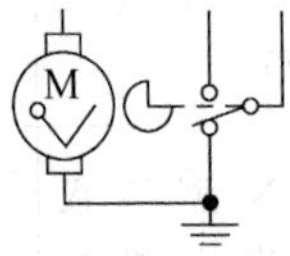	前雨刮电动机（带自动复位功能）	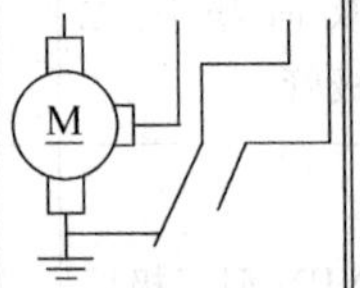	鼓风机电动机	
油泵电动机洗涤电动机	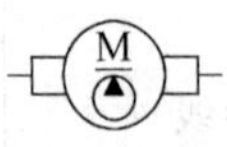	晶体管电动燃油泵	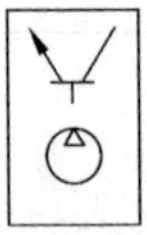	电磁开关式启动机	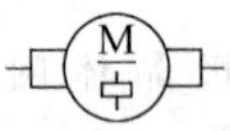

续表

名称	图形符号	名称	图形符号	名称	图形符号
车载天线电动机	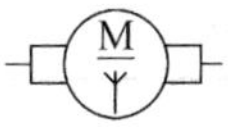 M	双向直流电动机	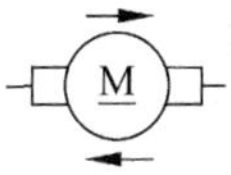 M	门锁电动机	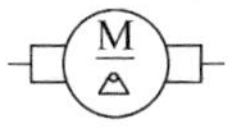 M
温度传感器	 $t°$	空气温度传感器	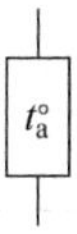 $t_a°$	水温传感器	 $t_w°$
燃油量传感器	 Q	油压表传感器	 OP	空气流量传感器	 AF
氧传感器	 λ	爆震传感器	 K	空气压力传感器	 AP
转速传感器	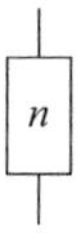 n	速度传感器	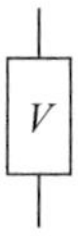 V	制动压力传感器	 BP
电阻器线圈绕组扼流圈		带铁心电感线圈		点火线圈	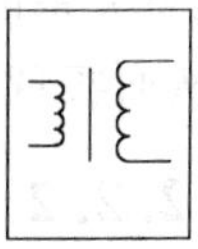
分电器	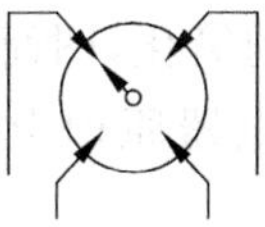	火花塞		信号发生器	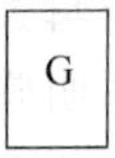 G
脉冲信号发生器	 G	磁感应信号发生器	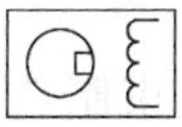	霍尔元件信号发生器	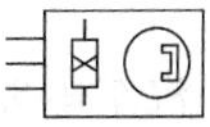
电子点火组件		压电传感器	 G	稳压器	 U const

续表

名称	图形符号	名称	图形符号	名称	图形符号
电磁阀	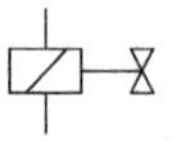	动合（常开）电磁阀	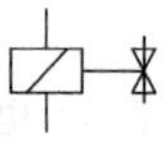	动断（常闭）电磁阀	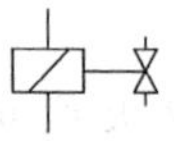
动合（常开）继电器	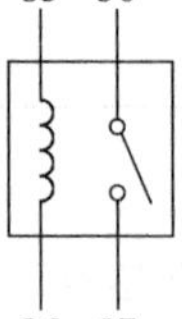 85 30 86 87	动断（常闭）继电器	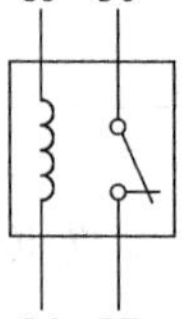 85 30 86 87	转换继电器	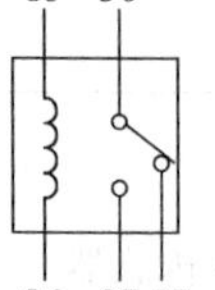 85 30 86 87 87a

2.2　汽车电路图种类

随着汽车工业的迅猛发展，以及车载电气系统的信息化、智能化、集成化发展趋势，汽车负载电器日益增多，汽车电路也日趋复杂。为清晰、准确地表示各电气系统的逻辑关系，汽车电路图的表达方式也随着汽车工业的发展而变革。汽车电路图趋于简单化、规范化和标准化，是当今主流汽车工业强国的发展趋势。

汽车电路图的主要表达方式有三种，分别为线路图、原理图及电线束图。其中线路图、原理图在现阶段一般用于电路设计和维修，电线束图则侧重于电线束生产和维修。下面将介绍上述三种电路图的特点。

2.2.1　线路图

汽车电路线路图（见图2-1）是把汽车电器在车体上实际位置用细实线连接起来表示其逻辑关系的电路图，它一般从电源通过开关到各用电器一直到搭铁，形成一个整体的回路，从而实现其功能。

2.2.2　原理图

汽车电路原理图是把汽车上的所有电路、电器部件用简明的符号及实线连接起来表示其逻辑关系并有序排列的电路图。原理图是对线路图高度的简化，图面清晰、连接及控制关系明确，易于分析和使用，对分析和排除电器故障和学习电器原理十分便捷。图2-2所示为汽车电路原理图。

2.2.3　电线束图

汽车电路电线束图是汽车电线束制造和线路故障维修的依据。根据汽车电器原理、车体三维布线分布及电线束安装与防护的需要，将汽车电线按照一定的走向、捆扎成束，并划分成不同的区域部位，如发动机电线束、发动机舱电线束、仪表板电线束、车身电线束、左右前门电线束、左右后门电线束等。各个电线束相互关联，组成整车电线束。图2-3所示为汽车电线束图。

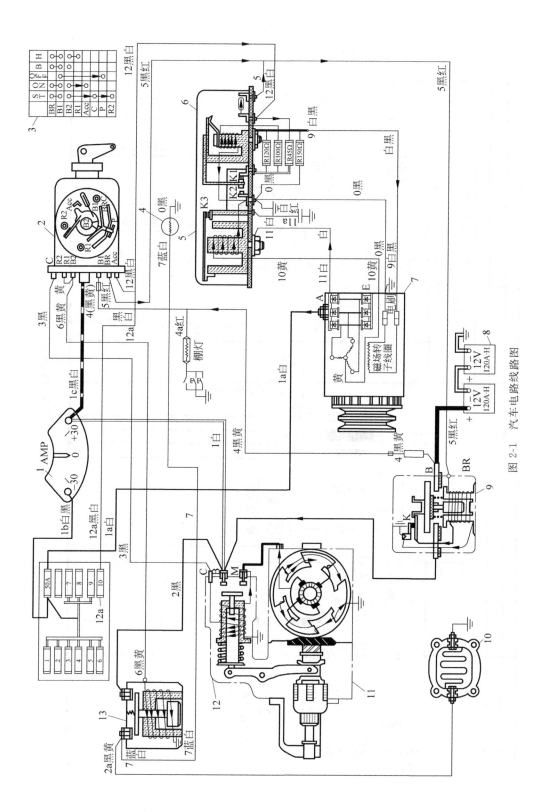

图 2-1 汽车电路线路图

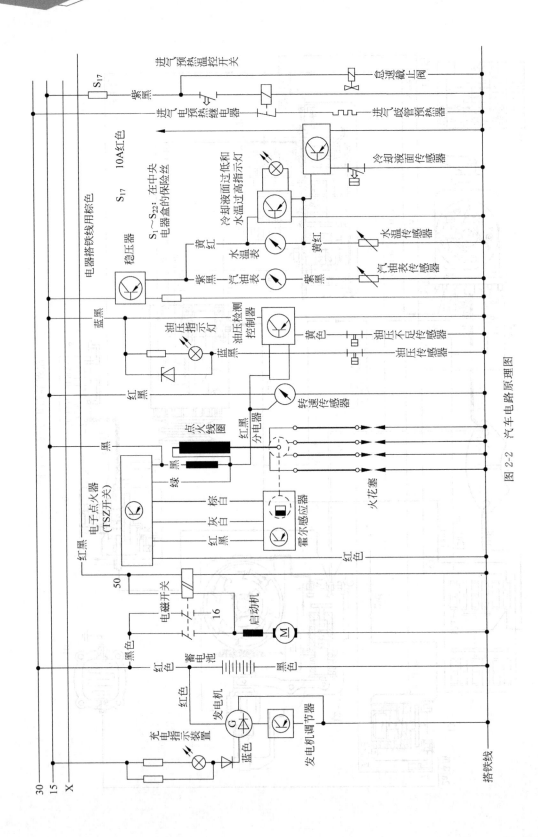

图 2-2 汽车电路原理图

单元2 汽车电路读图基础

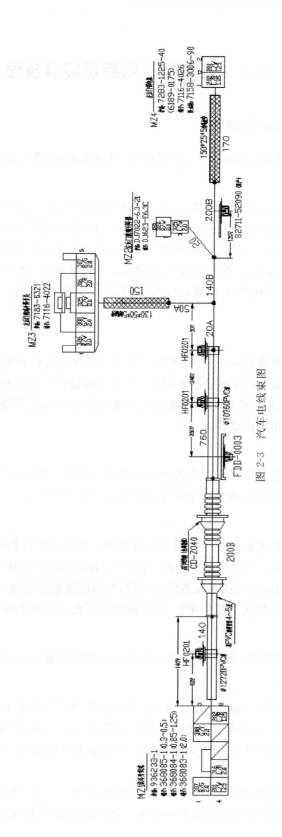

图 2-3 汽车电线束图

2.3 汽车电路特点及接线规律

2.3.1 汽车电路特点

汽车电路虽然庞杂，看起来令人眼花缭乱，但总体而言，遵循以下几个原则。

1. 单线制

单线制是利用汽车发动机和底盘、车身等金属机件作为各种用电设备的共用连线（俗称搭铁），而用电设备到电源只需设一根导线。任何一个电路中的电流都是从电源的正极出发，经导线流入用电设备后，通过金属车架流回电源负极而形成回路。

采用单线制不仅可以节省材料（铜导线），使电路简化，而且便于安装和检修，降低故障率。但一些不能形成可靠的电气回路或需要精确电子信号的回路，需要采用双线。

2. 负极搭铁

搭铁就是采用单线制时，将蓄电池的一个电极用导线连接到发动机或底盘等金属车体上。若蓄电池的负极连接到金属车体上，称为负极搭铁；若蓄电池的正极连接到金属车体上，称为正极搭铁。我国标准中规定汽车电器必须采用负极搭铁。目前其他国家生产的汽车也大多采用负极搭铁方式。

3. 并联控制

用电设备并联就是指汽车上的各种用电设备都采用并联方式与电源连接，每个用电设备都由各自串联在其支路中的专用开关控制，互不产生干扰。

4. 两个电源

两个电源是指蓄电池和发电机两个供电电源。蓄电池是辅助电源，在汽车未运转时向有关用电设备供电；发电机是主电源，当发动机运转到一定转速后，发电机转速达到规定的发电转速，开始向有关用电设备供电，同时对蓄电池进行充电。两者互补可以有效地使用电设备在不同的情况下都能正常工作，同时也延长了蓄电池的供电时间。

5. 保险装置

各电源电路均有保险装置，以防电路短路损坏用电设备或引起火灾事故。

6. 继电器装置

继电器是一种当输入量（电、磁、声、光、热）达到一定值时，输出量将发生跳跃式变化的自动控制器件。采用车载继电器的目的是实现弱电（低电压或小电流）控制强电（高电压或大电流），从而保护开关触点，消除电弧，达到延长电器使用寿命和确保车辆安全的目的。

汽车电路系统主要由电源、用电设备和中间装置组成。任何电器设备和电控装置要想获得电源供应，中间装置的连接必不可少。常见的连接装置有汽车电线束、开关装置、保险装置、继电器、连接端子和连接器等,这些中间装置的选用和装配直接影响用电设备的运行状况。

2.3.2 汽车电路的接线规律

1. 接线的一般规律

汽车线路接线的特点和一般规律:一般采用单线制、用电设备并联、负极搭铁、线路用颜色不同的线和编号加以区分,并以点火开关为中心分成几条主干线。

(1) 蓄电池正极线:从蓄电池引出直通熔断器盒,也有的从蓄电池正极线直接引到启动机正极接线柱上,再从那里引出较细的正极线到其他电路。

(2) 点火、仪表、指示灯线:必须经过汽车钥匙才能接通电路。

(3) 专用线:不管发动机工作与否都需要接入的电器,如收放机、点烟器等,由点火开关单独设置一挡予以供电。

(4) 启动控制线:启动机主电路的控制开关(触盘)常用磁力开关来通断。其接线方式有三种形式:小功率启动机磁力开关的吸引保持线圈由点火开关的启动挡控制;大功率启动机的吸引保持线圈则由启动机继电器控制(如东风、解放及三菱重型车);装有自动变速器的轿车,为了保证空挡启动,常将启动控制线串接在空挡开关上。

(5) 搭铁线:搭铁点分布在汽车全身,与不同金属相接(如铁、铜与铝、铝与铁)形成电极电位差,有些搭铁部位容易沾染泥水、油污或生锈,有些搭铁部位是很薄的钣金片,都可能引起搭铁不良,如灯不亮、仪表不起作用和喇叭不响等。所以,有的汽车采用双搭铁线。

2. 电源系统接线规律

(1) 发电机与蓄电池并联,蓄电池负极必须搭铁。蓄电池正极经电流表(或直接)接发电机正极,蓄电池静止电动势常在 11.5V~13.5V,发电机输出电压常限定在 13.8V~15V(24V 电系 28V~30V)。发电机工作时正常电压比蓄电池电压高 0.3V~3.5V,这主要是为了克服线路压降,使蓄电池充电时既能充满,又不至于过度。

(2) 国产硅整流发电机的接线柱旁均有标记或名称,"+"或"B+"为"电枢"接线柱,此接线柱应与电流表或蓄电池"+"极相连;F 为"磁场"接线柱,它与调节器"磁场"接线柱相连;E 为"搭铁"接线柱,应与调节器的"搭铁"接线柱相接。

(3) 采用外装调节器的交流发电机的磁场线圈搭铁方式有两种:一种是磁场线圈直接在发电机内部搭铁,如国产东风 EQ1092 和 BJ2020 汽车的发电机;另一种是磁场线圈不在发电机内部搭铁,而是通过调节器搭铁,如解放 CA1092 汽车的交流发电机。

3. 启动系统接线规律

(1) 点火开关直接控制启动机的电路:点火开关在启动挡直接控制启动机的吸拉保持线圈,多用于 1.2kW 以下的启动机的轿车电路;1.5kW 以上启动机的磁力开关线圈的电流在 40A 以上,用启动继电器触点作为开关。

(2) 带启动保护的启动机控制电路:当启动点火开关在 0 挡时,电路均断开。点火开关在 1 挡时(未启动)的供电线路:发电机激磁、点火线圈、仪表、点亮指示灯。点火开关在 2 挡时，除了接通上述电路，还要接通启动机继电器电路：蓄电池正极—电流表—点火开关—启动机继电器线圈—继电器动断触点—搭铁—蓄电池负极—启动机驱动主机。与此同时，触桥将点火线圈旁路触点接通，电流直通点火线圈初级，附加电阻被隔除在外。

4. 点火系统接线规律

汽车点火系统可以分为普通（有触点）点火系统、无触点点火系统、计算机控制点火系统等形式，其工作过程一般按以下顺序循环：初级电流接通—初级电流切断（此时恰是某缸活塞处于压缩上止点前某一角度）—初级线圈产生自感电动势（约 300V）—次级线圈互感产生脉冲高压（6 000V～30 000V）—火花塞出现电火花。

无触点点火系统的点火模块必须具备的引出线，包括由点火开关控制的电源输入线 2 条（4、5 脚），由信号发生器（信号发生器与分电器轴一体）来的信号输入线 3 条（5、6、3 脚，其中 5 脚供信号发生器的电源火线），初级电流的输入、输出线 2 条（1、2 脚）。

5. 照明系统的接线规律

汽车照明系统一般由前照灯、示宽灯（位置灯）、尾灯（后示宽灯）、牌照灯、仪表灯、室内灯等组成，其中前照灯又分为远光灯与近光灯，用变光开关控制。照明灯由灯光开关控制：灯光开关在 0 挡关断，1 挡小灯亮（包括示光灯、尾灯、仪表灯、牌照灯），2 挡为前照灯、小灯同时亮。灯光系统的电流一般来自蓄电池正极，不受点火开关控制（由于前照灯远光功率较大，常用灯光继电器来控制通断，开关的 2 挡用于控制继电器线圈）。超车灯信号常用远光灯亮灭来表示，发出此信号时不通过灯光开关，属于短时接通按钮式。现代汽车的照明系统常用组合开关集中控制，组合开关多装在转向柱上，位于转向盘下侧，操作时驾驶员的手可以不离开转向盘。

6. 仪表报警系统接线规律

（1）所有电器仪表都受点火开关控制。

（2）各仪表的表头与其传感器串联，燃油表、水温表一般还接有仪表稳压器。

（3）电流表串联在发电机正极与蓄电池正极之间。发电机充电电流从电流表正极进去，指针偏向正端，而在蓄电池往外放电时，指针偏向负端。

（4）电压表并接在点火开关之后，在点火开关接通时显示系统电压。12V 系统常使用 10V～18V，24V 电系常使用 20V～36V 的电压表。

（5）指示灯、报警灯常与仪表装配在一个总成内或在附近布置，它们与仪表一同受点火开关的工作挡（ON）和启动挡（ST）控制。在 ON 挡应能检验大多数仪表、指示灯、报警灯是否良好。

（6）汽车仪表常用双金属片电热丝式结构，表头一般只有 2 条线。例如，燃油指示表的两个接线柱是上下排列的，一般情况下应将上接线柱与电源线相连，下接线柱与传感器相连，否则将不会正常工作。此外，还有双线圈十字交叉，中间有一个磁性指针的仪表，多为 3 条线引出，其中一条线接点火开关，另一条线搭铁，还有一条线接传感器。机械式仪表不与电路相接，如软轴传动的车速里程表、直接作用的弯管弹簧式制动气压表、油压表以及乙醚膨胀式水温表、油温表等，这些仪表读数精度较高，但要引入许多管路、软轴进入仪表盘,拆装麻烦,甚至易于泄漏,正在逐步被电子控制仪表所代替。

2.4 汽车电路读图一般方法

一般汽车电路是实行单线制的并联电路,多数电路的正极线(俗称火线)分别与保险丝盒相接,负极线(俗称地线)共用,重要节点有三个:保险丝盒、继电器和组合开关。汽车电路读图的一般方法可以总结为以下三个方面。

第一,化复杂为简单。纵横交错的汽车电路其实都是由各种电路叠加而成的,每种电路都可以独立出来,化复杂为简单。整车电路按照用途可以划分为灯光、信号、仪表、启动、点火、充电等电路。每条电路有自己的导线与控制开关或保险丝盒相连接。

第二,抓住共性。绝大部分电线的一端接保险丝或开关,另一端连接继电器或用电设备。例如大灯电路分两路,一路是电源支路,即保险丝盒(正极线)→大灯继电器→大灯→负极线;另一路是控制支路即保险丝盒→组合开关→大灯继电器→负极线。其他像小灯、制动灯、转向灯、车厢灯、雨刮器等用电设备的电路也基本相似。

第三,找到关键。一般汽车上的保险丝盒与继电器放在同一个位置以便检查。要了解组合开关的功能,尤其是组合开关联插件上各支导线的作用。如果知道保险丝盒、继电器和组合开关三个重要节点的作用和位置,再对照有关的汽车电工书籍学习就比较容易入门了。

汽车电路图阅读时应注意以下几点。

1. 注意搭铁极性

识读汽车电路图时,首先要注意搭铁极性。汽车电路一般为单线制,且绝大多数为负极搭铁(接地),即电源负极是与整车的金属机体相连的,各用电设备之间是相互并联的,工作电流从电源的正极→保险器→导线→开关→用电设备→搭铁(电源负极),形成闭合回路。

2. 化整为零

要善于化整为零,即把整车电路划分成各个局部电路,再弄清楚各导线、开关、保险器和各用电设备的作用。

对于采用微计算机(ECU)控制的汽车,应先了解 ECU 各引脚的主要功能、各传感器件的作用,还要知道电子控制系统与有关机械部件之间的相互关系。

3. 善于应用各种图表

汽车说明书和电路图所附的图表往往给出一些汽车的基本情况。接地图表示电路如何接到汽车底盘或车架上,接地一般以 G 表示。连接器图可表示每一个连接器的位置和它的连接终端、引脚,连接器一般以 C 表示。有时会在图上或表中给出每个连接器上电参数(电压、电流或电阻)的标准值,以便在诊断故障时进行比较和判断。

4. 注意线与线的关系

在阅读线路图时，应特别注意线与线之间的关系，是交叉而过的，还是交接的。两线或数线的交接一般用点"."表示。应注意的是：电线进入连接器后，会有另外的符号。

以桑塔纳 2000 车型为例，标有 30 的为正常火线，电压为 12V，即与蓄电池直接相连，中间不经过任何开关，无论是停车时或发动机处于熄火状态均有电，专供发动机熄火时也需要用电的电器使用，如停车灯、制动灯、报警灯、顶灯、冷却风扇电动机等。标有 15 的小容量电器火线，是在接通点火开关后才会有电的火线。标有 X 的火线为车辆起步时才可接通的大容量电器用火线，如供启动发动机用；标有 31 的火线为中央线路板内搭铁线。

2.5 汽车电线束产品设计开发流程和工具

2.5.1 汽车电线束产品设计开发流程

汽车电线束产品设计开发流程如图 2-4 所示。

1. 产品设计和开发策划

由项目经理召集项目多功能小组成员，对产品设计和开发各个过程和要素实施策划并进行多方论证。策划和多方论证的结果应以文件的形式予以保留和记录。

2. 产品设计和开发输入

由项目产品工程师负责，将产品设计和开发所需的相关要求和信息形成文件并持续更新。其范围包括但不限于技术协议、设计任务书、相关标准、工程规范（顾客指定的特殊特性、产品标识、可追溯性和包装要求、法律法规、相关产品定义、公差与配合要求、同类型设计经验及教训库、标准样件、竞争对手产品信息、成本目标、产品质量、工作环境、寿命、可靠性、安全性、耐久性、可维修性、时间性、耐候性等要求）。详见附表 1。

3. 产品设计和开发输入评审

由项目经理(或产品工程师)召集多功能小组，对线束产品设计和开发输入的每一个要求和事项进行逐项评审，并将评审结果与客户沟通、确认，以确保输入是充分和适宜的。将评审结果形成文件并持续更新，作为产品设计和开发过程输入的一部分。评审过程中应着重关注顾客的特殊要求、顾客指定的特殊特性。详见附表 2。

4. 产品设计和开发过程

在电线束产品设计和开发过程中，产品工程师根据设计输入和评审，以及适用的工具和技术(如《电线束产品设计和开发手册》、同类产品 DFMEA、以前类似产品设计提供的信息、产品设计与开发经验教训库等工具或实验设计等技术)，对电线束产品的可靠性、特殊特性、技术规范、产品定义、产品图纸、初始材料清单、设计防错、法律法规符合性、降低产品失效模式严重度等级等方面开展产品设计和开发过程。

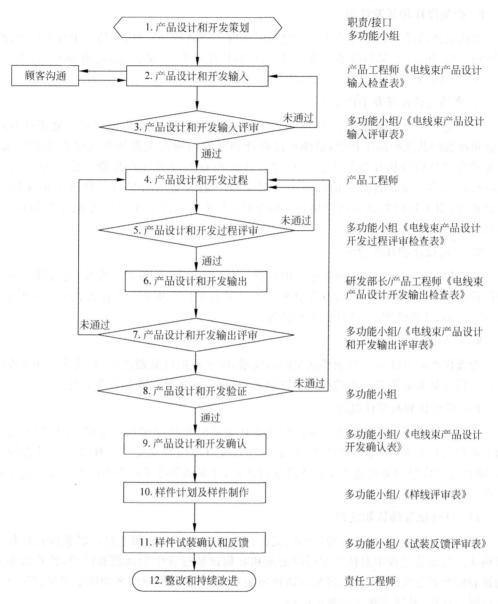

图 2-4　汽车电线束产品设计开发流程

5. 产品设计和开发过程评审

根据项目进度的需要，在产品设计和开发过程的适当阶段，项目经理应召集与设计阶段有关的职能部门的代表，或具有电线束产品设计开发技能和经验的其他产品工程师，对现阶段产品的设计和开发进行评审。将评审过程中发现的问题和评审的结果形成文件并持续更新，对上述问题制定改进措施予以实施，并对实施的效果予以再次评审和验证。详见附表 3。

6. 产品设计和开发输出

电线束产品设计和开发的输出应包括但不限于产品特性清单、产品适用标准清单、设计防错、产品包装、原材料技术规范和图纸、过程特性清单、产品图纸、初始 BOM 清单、设计 FMEA 等以及产品设计和开发输出清单。详见附表 4。

7. 产品设计和开发输出评审

由产品工程师召集与设计阶段有关的职能部门的代表，或具有电线束产品设计开发技能和经验的其他产品工程师，依照产品设计和开发的输入及设计开发过程评审结果，对现阶段产品设计和开发输出进行评审。评审的重点应关注产品设计输出是否能体现设计输入的要求。将评审的结果和未满足设计输入要求时采取的措施形成文件并持续更新，对上述问题制定改进措施予以实施，并对实施的效果予以再次评审和验证。详见附表 5。

8. 产品设计和开发验证

为确保设计和开发输出满足输入的要求，应根据项目策划进度的安排，对设计和开发进行验证。验证结果及采取的改进措施应予以记录并持续更新。验证方法有验算计算、实验室实验、过载性实验、样件装车验证等。

9. 产品设计和开发确认

为确保产品设计和开发能够满足顾客要求，应根据项目策划进度，对设计和开发进行确认。确认结果必须以书面的形式予以记录和保存，且必须经顾客签字认可。

10. 样件计划及样件制作

为确保产品设计和开发能够满足顾客电线束装配和功能实现的要求，应根据项目策划进度和客户要求，制订样件计划，并根据计划及时向顾客提交手工样件。样件在提交前，项目经理应组织多功能小组对样件进行评审，评审结果必须以书面的形式予以记录和保存。详见附表 6。

11. 样件试装确认和反馈

根据项目进度，责任工程师（产品、工艺、工装工程师等）应和主机厂联系进行样件试装确认。在试装过程中责任工程师应记录和收集试装过程中的问题和反馈，并将收集到的试装问题汇总整理后填写《试装反馈评审表》。由项目经理组织多功能小组对试装问题进行逐一评审，并制定相应的整改措施。

12. 整改和持续改进

实施整改措施并对所采取的措施进行验证和确认，持续改进产品设计和开发。

2.5.2 汽车电线束设计开发包含的内容

1. 市场信息的收集

市场信息包括法律法规及安全要求、参考车型及车型定位、计划和量产信息、量产时间。

2. 项目信息的收集

项目信息包括项目计划及时间节点、设计标准、设计职责、电线束系统设计、制造所需要的要求及技术规范(包含文件要求和质量要求)。

3. 签订技术开发协议及技术交流文件

与顾客签订技术开发协议及技术交流文件。

4. 电子电气架构设计

整车电气架构的设计在前期项目设计中是非常重要的一项工作,它对于电气功能的实现、整车的成本以及零部件的平台化等方面具有重要的作用。

1)定义电子电气架构设计要求及性能目标

(1)电气系统设计路线。

① 采用现有的网络平台拓展新的节点。

② 新建一个电气架构。

(2)各子系统的功能要求。

2)电气需求分析

电气需求分析主要包括以下两部分内容。

(1)操作性需求分析。操作性需求分析主要包括以下六个方面。

① 假想操作情形分析。

② 系统性能需求及其量化。

③ 假想用例分析图。

④ 不同功能模式和功能状态的分析。

⑤ 系统边界划分。

⑥ 交互信息的定义。

(2)功能性需求分析。

3)设计功能分布

提供整车电气功能分布和布置方案报告。

4)设计电气盒功能分布

提供电气盒功能分布和布置方案报告。

5)车型电量平衡分析报告

(1)包含各种工况下的计算方法。

(2)特殊工况下电器工作的使用情况描述报告。

(3)用电量和时间关系的数值表。

(4)暗电流分析报告。

(5)接地负载分析报告。

6)电线束划分图、电线束过孔位置图

整车电线束一般按照电线束所处的位置,如发动机舱、驾驶舱、底盘、顶篷、车门、后备箱等位置将电线束划分为车头电线束、车身电线束、车尾电线束及门电线束四大类别。

(1)车头电线束:包括发动机舱电线束、前灯电线束、转向灯电线束、发动机电线束、发动机接地电线束、喷油油轨电线束、换挡机构电线束、启动电机电源线电线束、蓄电池接地线电线束、发电机电线束等。

(2) 车身电线束：包括仪表台板电线束、空调电线束、安全气囊电线束、地板电线束、顶篷电线束等。

(3) 车尾电线束：包括后备箱电线束、尾灯电线束、倒车雷达电线束等。

(4) 门电线束：包括左前门电线束、右前门电线束、左后门电线束、右后门电线束、背门电线束等。

当然，整车电线束划分方法有多种多样，不能一概而论，如有些车型发动机为中置或后置，则发动机电线束、发动机接地电线束等就不属于车头电线束。

同样，将尾灯电线束、倒车雷达电线束、后备箱电线束等归为地板电线束的一部分，将空调电线束归为仪表台板电线束的一部分，将喷油油轨电线束归为发动机电线束的一部分也未尝不可。

这里要强调以下几点。

① 应参照整车装配工序要求及电线束走向、整车的位置图、电气盒安装位置及空间来划分电线束。

② 由于安全气囊、安全带涉及驾驶员、乘员的人身安全，建议将安全气囊电线束独立出来，不与其他电线束合并为一条电线束，且在整车原理设计、电源分配、生产加工、运输、装配等环节均单独考虑。

③ 提交电线束划分分析报告。

④ 提供电线束对接件的布置方案及分析说明。

⑤ 提供所有电线束主干和分支的尺寸报告和弯曲半径报告。

7）电气布置

提供整车电气布置建议说明。

8）电气盒功能设计和开发

(1) 电气盒功能定义。

(2) 输入、输出信号定义。

(3) 部件选择建议。

(4) 电气盒原理设计。

(5) 电气盒 3D 数模。

9）整车电气原理图设计

根据主机厂提供的单元电路原理图、设备负载及特殊系统对配线连接的要求来进行下面的工作。

(1) 电线束保险的正确选用。

(2) 根据负载计算及主机厂采用的标准确定导线的规格。

(3) 继电器的正确选用。

(4) 接插件的选择及定义。

(5) 整车电源分配。

(6) 接地回路分配。

① 提供接地分配的分析报告。

② 提供接地回路列表。

(7) 根据主机厂要求的设计软件或数据格式出图。

10) 电线束 3D 布线

(1) 主机厂提供电线束布置所需要的 3D 数模。

(2) 主机厂提供车身布置、布线的约束条件。

(3) 根据已划分的电线束进行 3D 布线。

(4) 确定卡扣安装及支架的设计,电线束的外观保护。

(5) 结合电线束设计软件进行电线束布置及仿真分析。

由于主机厂通常需要提供几个方案,所以可以从以下几个方面来评估架构方案是否可执行。

① 硬件成本:ECU 的数量、电线束的长度、网络的数量、接插件的数量。

② 开发成本:零件的共平台性和沿用性。

③ 生产成本:可制造性。

④ 保修成本:可靠性、可维护性。

⑤ 性能:响应时间。

⑥ 其他条件:重量限制等。

权衡各种评估指标,选择最优的架构设计方案。

5. 整车电线束设计

1) 电线束 3D 设计和维护

(1) 整车电线束的 3D 设计。

(2) 卡扣、护套、专用固定支架、外包扎、对接插件的选型设计。

(3) 提供选定的或新开发的接插件、卡扣和支架的 3D 数模及 2D 图纸。

(4) 提供过孔橡胶件 3D 数模,提交开闭件的橡胶件装配和运动分析结果报告。

2) 电线束 3D 设计图的交付

(1) 交付可编辑的 3D 电线束数模。

(2) 采用指定的设计软件。

3) 电线束 2D 图的设计

(1) 按照要求的格式交付可编辑的 2D 电线束图纸。

(2) 电线束 2D 图应满足主机厂提供的技术规范要求。

(3) 采用规定的设计软件设计 2D 图纸。

4) 物料清单

物料清单包含接插件、卡扣、橡胶件、电线等清单。

5) 整车样件制作及测试

(1) 根据样件性能要求及数量制作电线束样件。

(2) 制作裸车电线束、发动机台架。

(3) 电气功能台架测试。

(4) 根据主机厂提供的电线束及附件的测试规范提交测试标准和测试计划。

(5) 电线束及其附件的性能测试。

① 分阶段提交测试报告。

② 提交详细的数据分析报告。

(6) 电气性能测试。

① 整车电气负载测试及详细的数据分析报告。

② 过载测试及详细的数据分析报告。

③ 暗电流测试及详细的数据分析报告。

④ CPT 实验报告及详细的数据分析报告。

6) 确定产品是否符合性能要求

(1) 性能要求：产品的性能、技术指标、物理特性、可靠性和耐久性等。

(2) 环境要求：如温度、压力、振动、侵蚀、电磁兼容等。

(3) 产品气味性要求：符合相关规范或标准要求。

(4) 电线束保护要求：导线、胶带、橡胶件、电源分配、特殊部件的保护要求等。

(5) 材料要求：材料应符合相关要求。

图 2-5 所示是电线束设计开发涉及的内容。

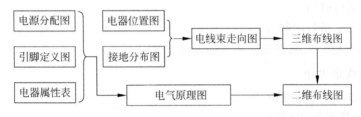

图 2-5 电线束设计开发内容

2.5.3 设计工具介绍

1. 电线束设计工具

1) 电线束设计软件（含二维图绘制）介绍

MENTOR GRAPHICS 公司的 CHS（CAPITAL HARNESS SYSTEM）、日本 ZUKEN 公司的 CAPITAL DESIGN、德国 COMSA 公司的 LDORADO DESIGN，这三种软件各有特点，在原理和分析方面，MENTOR GRAPHICS 公司的 CHS 及 ZUKEN 公司的 CAPITAL DESIGN 功能更强大，使用的公司也比较多，长安公司使用的是 MENTOR GRAPHICS 公司的 CHS，广汽本田使用的是日本 ZUKEN 公司的 CAPITAL DESIGN，电线束设计工具对比如表 2-2 所示。在二维图纸绘制、管理及物料清单的汇总方面，COMSA 公司的 LDORADO DESIGN 功能要强一些，但是 LDORADO DESIGN 是专门为大众公司开发的软件。

表 2-2 电线束设计工具对比

序号	软件名称	开发公司	优点	使用主机厂举例
1	CHS	MENTOR	原理和分析方面较强	长安
2	CAPITAL DESIGN	ZUKEN	原理和分析方面较强	广汽本田
3	LDORADO	COMSA	二维图纸绘制、管理及物料清单的汇总	大众

2)达索公司的CATIA管道布线

CATIA布出来的电线束只有机械属性没有电气属性,也就是说管道布出的线无法进行原理分析、无法进行详细的二维图纸绘制、无法生成物料清单等,转换出的二维图没有详细的物料信息,只有尺寸可供使用,需再使用AutoCAD及其他信息(原理图、物料信息等)绘制出所需要的电线束图。

2. 电线束生产制造厂的设计工具

1)同步开发运用工具

由于电线束厂目前不再是单纯的电线束加工制造,很多的电线束都是与汽车厂车型进行的同步开发。同步开发目前主要运用的就是达索公司的CATIA管道布线,然后结合AutoCAD绘制出所需要的电线束图,电线束厂也可以运用UG、Pro-E进行布线。

2)电线束的转换工具

可以将三维数模(CATIA、UG、Pro-E)转换成生产所需要的AutoCAD图或进行三维软件之间的转换。

3)常规使用工具

目前电线束设计使用频率最高的还是AutoCAD,不管采用哪种开发软件最终的电线束图均转换为.dwg格式。

2.5.4 电线束设计软件CATIA使用介绍及AutoCAD工作界面

1. CATIA启动

(1)在计算机桌面上双击图标 运行CATIA V5R18软件。

(2)在Start菜单下选择不同的模块(见图2-6)进入不同的工作环境中。

2. EPD(Electrical Part Design)电气零件设计模块

(1)选择File/Open选项,调入已经做好的三维零件实体,如图2-7所示。

图2-6 Start菜单列表　　　　图2-7 三维零件实体

(2) 选择 Define Connector，如图 2-8 所示，定义接插件类型、零件号和端子数。

(3) 定义 CCP 点（Connector Connection Point，接插件连接点）和 BCP 点（Bundle Connection Point，电线束连接点），如图 2-9 所示。

图 2-8　定义连接类别　　　　　　　图 2-9　定义连接点

(4) 选择 File/Save As 选项，保存文件。

(5) 选择 Store Device ⊘ 功能，选择 Catalog 和 Family 类型，单击 OK 按钮，将电气元件入库，如图 2-10 所示。

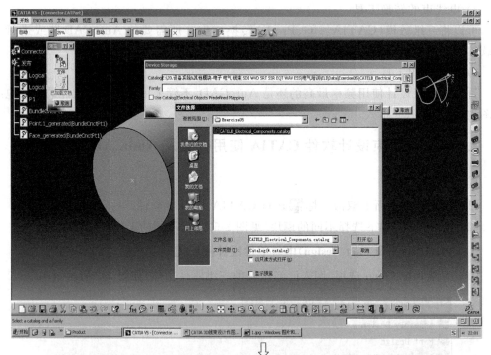

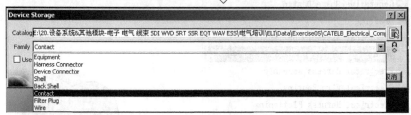

图 2-10　电气元件入库

(6) 选择 File/Close 选项，关闭文件。这样以后在 Catalog Browser ⊘ 或者 Smart Place ⊘ 中就可以直接调用电气元件了。

如图 2-11 所示，将路径引导到刚才存储的地方，选择刚才保存的零件。

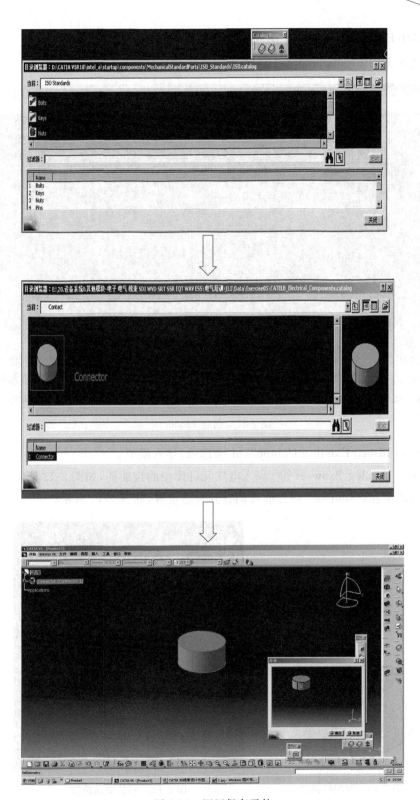

图 2-11 调用保存零件

3. EAD(Electrical Assembly Design)电气装配设计模块

（1）创建新的 Product，如图 2-12 所示。

图 2-12　创建 Product

（2）选择 Insert/Existing Component 选项，导入模型。

（3）选择 Catalog Browser ，调入电气元件库中的接插件，如图 2-13 所示。

（4）利用罗盘(Compass)将接插件调整到合适位置，如图 2-14 所示。

图 2-13　调用接插件

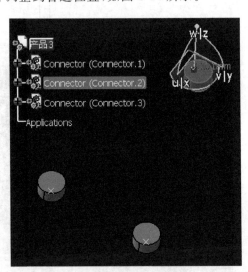

图 2-14　调整罗盘位置

(5) 选择 Connect Electrical Device, 如图 2-15 所示, 在接插件和电气设备之间建立电气联系。

图 2-15 建立电气联系

(6) 选择 Start/Electrical Harness Assembly 选项, 切换到 EHA 模块, 如图 2-16 所示。

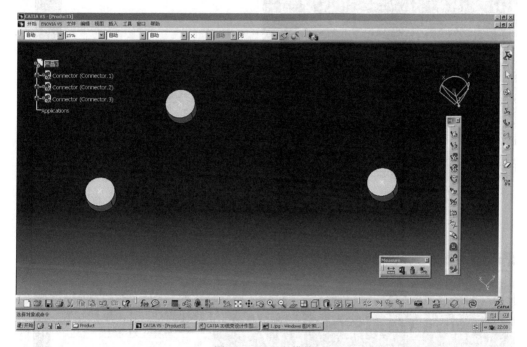

图 2-16 EHA 模块

4. EHA(Electrical Harness Assembly)电气电线束组装模块

(1) 选择功能 Geometrical Bundle, 创建几何电线束(GBN)。

(2) 选择 Multi-Branchable Document, 进入 EHI(Electrical Harness Installation 电气电线束安装)子模块, 开始电线束铺设, 如图 2-17 所示。

(3) 选择 Exit, 退出 EHI 子模块。

(4) 选择 Related Objects, 查看电路的电气连通性, 如图 2-18 所示。

(5) 选择 Link, 将断开的电路连通。

(6) 选择 Protection Covering, 选择 Catalog 库文件, 调入胶带和管类部品, 如图 2-19 所示。

(7) 选择 Catalog Browser, 调入胶夹、GR 和 PR 等部品, 利用罗盘(Compass)调整位置, 如图 2-20 所示。

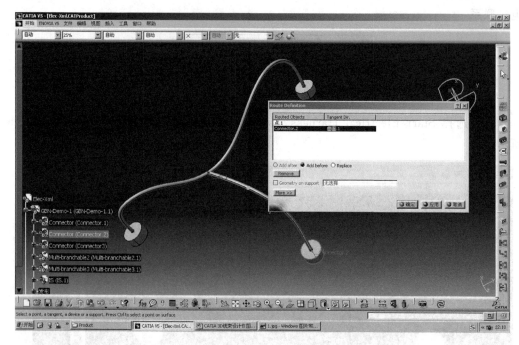

图 2-17　电线束铺设

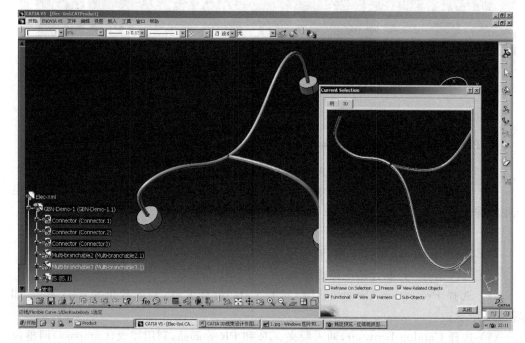

图 2-18　查看电气连通性

单元2 汽车电路读图基础

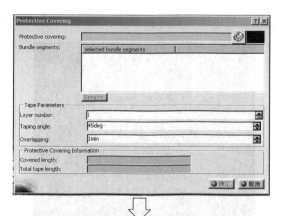

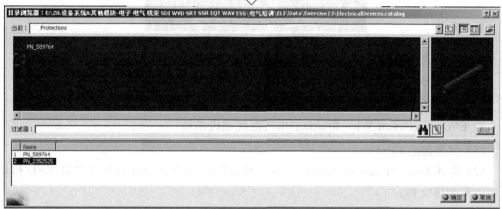

图 2-19 调用胶带及管类部品

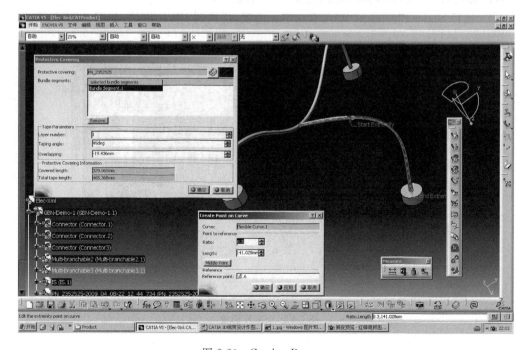

图 2-20 Catalog Browser

(8) 选择 Add Support, 使电线束通过胶夹、GR 和 PR 等部品, 如图 2-21 所示。

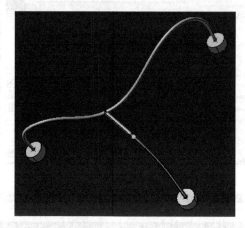

图 2-21 Add Support

(9) 选择 File/Save Managerment 选项, 保存文件。

(10) 选择 File/Close 选项, 关闭文件。

5. EWR(Electrical Wire Routing)电气电线铺设模块

(1) 创建新的 Product。

(2) 选择 Insert/Existing Component 选项, 导入 EHA 模块保存的文档和 EFD 模块生成的原理图文档。

(3) 选择 Start/Electrical Assembly Design 选项, 切换到 EAD 模块, 选择功能 Add Link, 在物理的和原理的接插件之间建立一一对应关系。

(4) 选择 Start/Electrical Wire Routing 选项, 切换到 EWR 模块, 如图 2-22 所示。

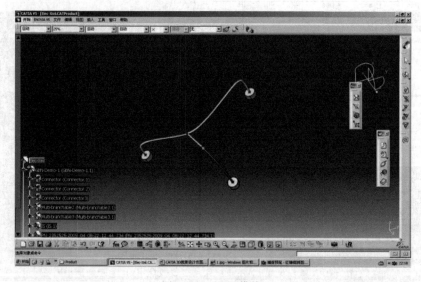

图 2-22 EWR 模块

(5) 选择 New Bundle ，创建电气线束（EBN），如图 2-23 所示。

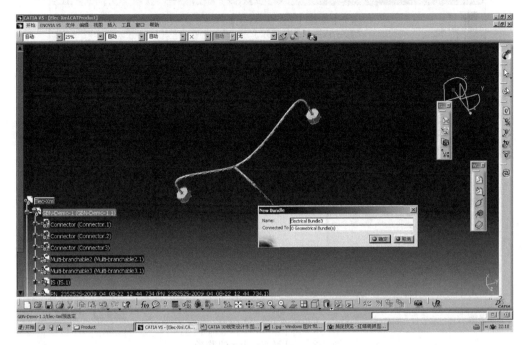

图 2-23　创建 EBN

(6) 在选项中设置 .xml 文件（见图 2-24）及 Catalog 的路径（见图 2-25）等参数。

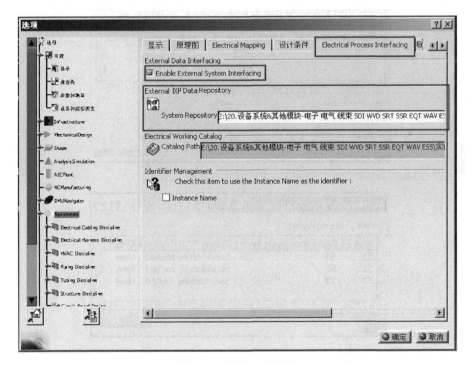

图 2-24　设置 .xml 文件

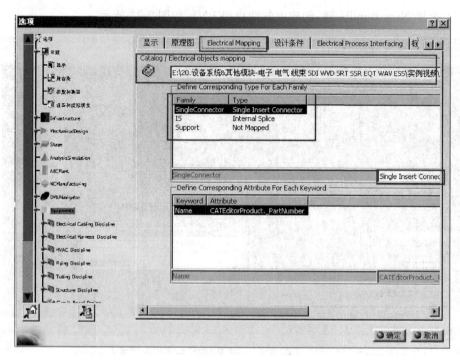

图 2-25　设置 Catalog 的路径

(7) 选择 Automatic Wire Routing ，自动完成电线铺设，如图 2-26 所示。

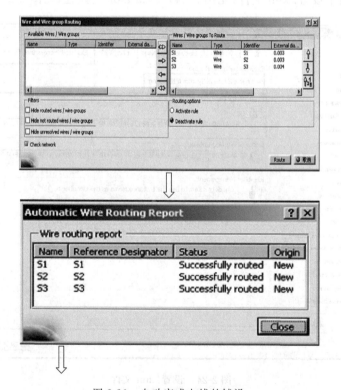

图 2-26　自动完成电线的铺设

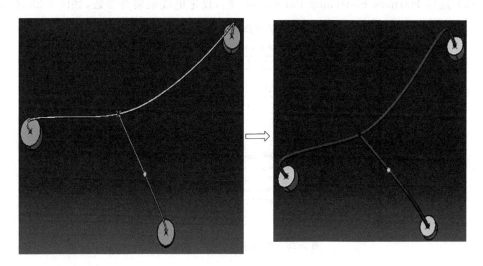

图 2-26(续)

(8) 选择 File/Save Managerment 选项,保存文件。

6. EHF(Electrical Harness Flattening)电线束展平模块

(1) 创建新的 Product。

选择 Start/Electrical Harness Flattening 选项,切换到 EHF 模块,如图 2-27 所示。

图 2-27 EHF 模块

（2）选择 Harness Flattening Parameters ，设定电线束展开参数，如图 2-28 所示。

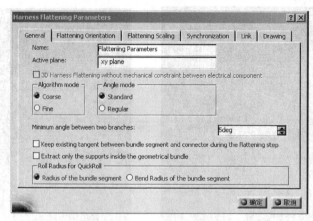

图 2-28 电线束展开参数设定

（3）选择 Extract ，回到之前保存的 EWR 文件中，选中 GBN 或者 EBN，如图 2-29 所示。

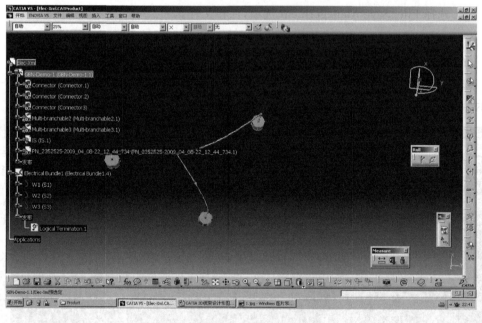

图 2-29 调用 GBN 或者 EBN

（4）选择 Flatten，将电线束展平到指定的平面上，如图 2-30 所示。

（5）选择 Straigthen 拉直、Rotate 旋转、Roll 弯曲、Scale 缩放等操作进行更全面的处理。

（6）选择 File/Save Managerment 选项，保存文件。

（7）选择 File/Close，关闭文件。

7. AutoCAD 工作界面

AutoCAD 工作界面如图 2-31 所示。

单元2 汽车电路读图基础

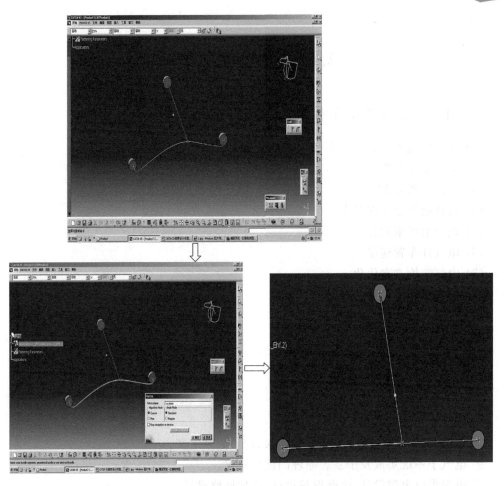

图 2-30 电线束展平

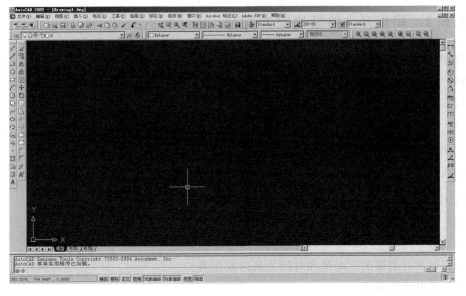

图 2-31 AutoCAD 工作界面

2.6 同步开发介绍

2.6.1 同步开发的工作内容

(1) 定义电气架构设计要求和性能目标。
(2) 电气需求分析。
(3) 设计功能分布。
(4) 设计电气盒功能分布。
(5) 设计电线束划分。
(6) 电气件布置建议。
(7) 电气架构方案优化。
(8) 电气盒功能设计。
① 功能定义输入。
② 输出型号定义。
③ 电气盒部件选择。
(9) 整车电气原理图设计和维护。
① 线型、线径、线色的选择。
② 保险丝、继电器的选择。
③ 连接器、端子选择建议,连接器输入、输出信号定义。
④ 电气子系统集成及子系统原理图优化建议。
⑤ 电源供电电路设计、电路保护设计、接地回路设计。
⑥ 电气盒原理设计。

2.6.2 同步开发需要提交的内容

1. 电气架构方案

(1) 至少两个以上的可执行方案。
(2) 参考方案的评价和优化报告。
(3) 提交电线束电路保护设计规范和线型选择设计规范,充分说明设计的依据。

2. 电气盒功能分布和布置方案报告

报告内容包含保险丝盒继电器的物料清单及功能。

3. 电量平衡分析报告

(1) 包含各种工况下的计算方法。
(2) 包含特殊工况下的电器工作的使用情况描述报告。
(3) 包含可编辑的用电量和时间关系的数据表。
(4) 暗电流的分析。

(5) 接地点负载分析报告。
(6) 发电机、蓄电池的选型优化建议。

4. 电线束划分图、电线束过孔位置图

(1) 包含电线束划分的分析报告。
(2) 包含电线束模块连接器布置方案及分析说明。
(3) 包含所有主干和分支的尺寸和弯曲半径报告。
(4) 协助主机厂完成电线束 BOM 的制作。

5. 整车电气布局图

整车电气布局图包含整车电气布置建议说明。

6. 整车电气原理图

(1) 按照 ET0、ET1、ET2、PT1、PT2、SOP 阶段,相应有不同阶段的原理图。
(2) 电线束回路列表。
(3) 模块连接器信号列表。
(4) 原理图面板格式和内容要求。
(5) 原理图数据格式和设计软件要求。

7. 接地分布图

(1) 包含接地分布的分析报告。
(2) 包含基地回路列表。

8. 材料库的建立

包含连接器、端子、导线、防水栓、保险丝、覆盖物等文件。

2.7 电源分配

2.7.1 电源分配设计概述

电源分配图是反映整车保险、继电器同用电设备之间的对应关系的图纸。该图纸为了保证电源分配图的简洁明了,同时又不需要有较为复杂的控制关系和其他多余的信息(如导线颜色、插件连接信息、设备详细接线图等),一般允许有简单的逻辑控制关系。

常规电源分配图一般由蓄电池、发电机、点火开关、保险丝、继电器、导线、负载设备属性表等几部分组成,各部分应分别注意以下事项。

(1) 保险丝应标明保险的名称、容量和类型(平板式、Mega、JCASE、Auto 或者 Mini)。
(2) 继电器应绘制出控制电路,可不显示型号。
(3) 导线应该至少标注线径,如有可能,后期可以把线色及线号加注上去。
(4) 负载设备属性表应至少标注设备名称、额定电流,如有可能,堵转电流和峰值电流也可标注。

（5）在图纸的整体布局上，应尽量保证处于同一个保险丝盒的部分集中在一起，避免交叉布置，这样可以为后期保险丝盒的设计提供很大的便利。

图 2-32 所示为某车型的电源分配图示例（机舱部分）。

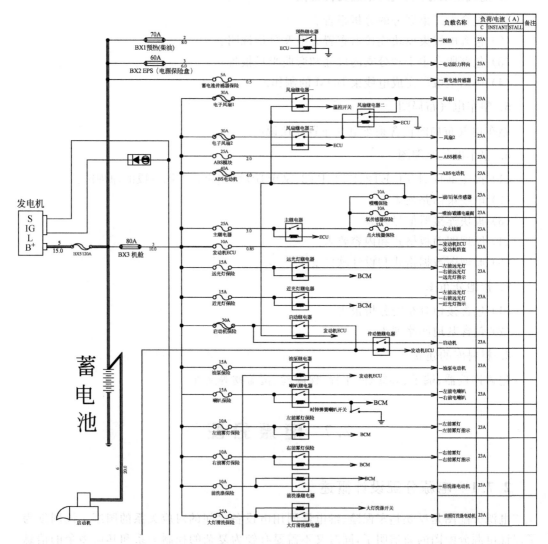

图 2-32　某车型的电源分配图（机舱部分）

2.7.2　电源分配设计流程

对于一个全新开发的项目，一般按照图 2-33 所示的流程来逐步完成整车电源分配图设计。

下面针对设计流程中的六大部分逐一进行介绍。

1. 配置表分析

配置表是重要的数据文件，它对该车型的所有分项目的开发都起到至关重要的作用。

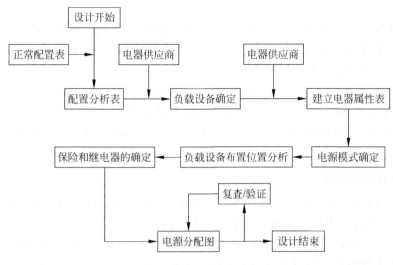

图 2-33 电源分配设计流程

就电器部分而言,对电源分配、原理图设计、三维布线以及二维图设计等诸多方面都会产生影响,所以,应尽可能仔细地去分析配置表,当配置表发生变动时,所有与变动相关的部分都要重新审查。配置表一般由主机厂的市场规划部门提供。

就电源分配设计而言,要对配置表逐条进行分析,所有涉及电的部分均应单独罗列出来,以便确定负载设备。另外,在配置分析时,还应该特别注意以下五个方面。

（1）分析整理用电设备应以配置表上的最高配置来进行。电源分配图是后期进行保险盒设计的重要依据。常规来说,高配车型所用到的继电器和保险数量要高于低配车型,如果按照低配车型设计,当遇到高配车型时,所预留的保险和继电器数量也许无法满足要求。

（2）为了满足市场需求,一般车型都拥有较为全面的配置,而这些配置又无法分出孰高孰低,对电源分配各有各的要求。例如某车型在开发汽油车的同时,配置表上又有柴油车,由于柴油车车型有预热装置,而且预热保险和继电器尺寸较大,这时如果以汽油车型最高配置进行电源分配设计,同时也应将柴油车型考虑进去,这样就避免了后期开发柴油车型时对保险盒进行重新设计。

（3）配置表只是简单的介绍,实际上却拥有较多的保险和继电器。发动机和变速箱配置表见表 2-3。

表 2-3 发动机和变速箱配置表

车型	1.5L MT	1.5L MT	1.6L AT	1.6L AT	1.8L MT	1.8L AT
配置	舒适型	豪华型	舒适型	豪华型	豪华型	尊贵型
发动机名称	4A15	4A15	4G18S	4G18S	4G93D	4G93
排挡模式	五挡手动	五挡手动	四挡手自一体	四挡手自一体	五挡手动	四挡手自一体

发动机系统和变速箱系统拥有十几个保险和数个继电器,发动机系统还拥有点火、供油、冷却等多个子系统,所以这时候应依据发动机和变速箱的原理图仔细分析,逐一罗列

到统计表中。

(4) 配置表中不体现的设备配置。一些国家强制性设备或者作为一辆汽车所具备的基本设备,一般都不会列到配置表中,而这些配置又是很重要的电器设备,例如转向灯、雨刮器等,这些在设计电源分配图时必须要予以考虑。

(5) 低配车型所用到的保险或继电器反而比高配车型多。一般这种情况极为少见,但是也并不是没有,如一些高配车型有集成化程度较高的模块,继电器由模块自带,而低配车型无此模块,需要保险盒来提供继电器安装。这样的情况也是设计电源分配时要考虑的因素。

2. 负载设备的确定

负载设备的确定是对配置表进一步的详细分析,为电源分配图的设计提供更为直接的依据。该步骤需要主机厂和相应设备供应商的协作,一般用电设备的单元电路图都较为直观地说明了该设备所用到的保险和继电器数量,甚至后面所讲到的电源模式。下面以 ABS 系统为例介绍负载设备的确定过程。在配置表上会看到表 2-4 所示的信息。

表 2-4　ABS 系统配置表信息

配置类别	功能细分	配置名称	配置表(左舵)		
			低配	中配	高配
安全配置	操控配置	ABS＋EBD	●	●	●
		BAS 辅助制动	●	●	●
		ESP 电子车身稳定系统	—	—	●
		ASR 防侧滑系统	—	●	●

下面就配置表进行详细分析以确定负载设备。所有功能的实现都是由请求→处理→执行三个步骤完成的。请求部分一般由开关或者传感器来完成。处理部分一般由 ECU 或者继电器来完成,ABS 系统则是由 ABS—ECU 来处理。执行部分一般是灯或者电动机来完成,ABS 系统则是由 ABS 泵(液压泵、回流泵)来完成。所以该系统没有用到继电器,而需要保护的用电设备有 ABS 泵、ABS 电磁阀、ABS 模块以及 ESP(主要是给转角传感器和横摆传感器供电)。对上述配置进行详细分析后,可以按照表 2-5 所示格式进行负载设备汇总。

表 2-5　某项目负载设备统计表

系统名称	负载设备	保险			继电器			额定功率/W	电流/A			电源模式
		数量	类型	规格/A	数量	类型	型号		C	INSTANT	STALL	
ABS 系统	ABS 电动机	1	平板/JCASE	40				120	10	39		常电
	ABS 电磁阀	1	Mini	25					4	15		常电
	ABS 模块											常电
	转角传感器	1	Mini	10					1	1.5		IG1
	横摆传感器									1	1.5		IG1

续表

系统名称	负载设备	保险			继电器		额定功率/W	电流/A			电源模式
		数量	类型	规格/A	数量	类型	型号		C	INSTANT	STALL	
除霜系统	后风窗除霜	1	Mini	25	1	一组常开		250	21			常电
	后视镜除霜	1	Mini	10				60	5			常电
雨刮喷淋系统	前雨刮	1	Mini	25					5		30	IG1
	后雨刮	1	Mini	15	1	一组转换			4			IG2
	洗涤	1	Mini	10	1	一组常开			3	3.8	12	IG2
	大灯清洗	1	Mini	25	1	一组常开			6			IG2

注：该表中电流、电源模式、保险和继电器的类型规格均不是本步骤完成的内容，是需要后续步骤逐步完善的。本阶段只需要确定负载设备名称和所用到的保险、继电器数量，此处涉及一个重要问题——保险和继电器的合并以及是否选用。

1) 继电器的合并和选用与否的判定

继电器的工作原理就相当于开关，主要起到通断作用。为了防止频繁的通断造成电流持续冲击开关，延长开关的使用寿命，一般需要选用继电器。

（1）继电器合并。只要控制逻辑相同的两个或多个设备，均可合并继电器，即两个设备受同一个开关或传感器控制，但是必须保证该继电器的电流特性能满足这两个设备同时工作。

（2）继电器选用与否。一个电气系统是否选用继电器一般是由设备的工作电流以及开关的触点承受能力共同决定的。如果触点容量大于额定工作电流，则无需选择继电器；反之，则需要用继电器进行控制。

2) 保险的合并和选用与否的判定

保险是保护整车用电器以及电路的重要器件，直接影响到整车的安全性以及稳定性，所以在保险合并以及衡量是否选用保险时应慎重对待。原则上讲，应尽量不合并保险并且保证每条导线都有自己专用的保险，但是这在成本控制以及空间上都是不允许的，越高端的汽车保险分配得越详细。例如一汽大众迈腾全车有120多个保险和四个保险丝盒，这是A级车所无法比拟的，因为A级车的空间和成本控制都很严格，此时应从以下几个方面来考虑保险的分配。

（1）保险合并。保险合并与否主要遵循以下两条原则。

① 行车系统以及安全系统类保险不允许各子系统之间交叉合并，例如电喷、变速箱、仪表、ABS、BCM、TPMS、安全气囊、转向灯、前照灯、雾灯、制动灯、雨刷、喇叭等关系到行车稳定和安全的重要设备。

② 舒适功能保险可以视情况合并，但若无较大成本压力，不同的系统之间还是建议尽量不合并保险。

（2）保险的选用与否。保险设定与否主要考虑以下几个因素。

① 功率型负载均需要设立保险给予保护。

② 单条信号线一般不设保险，例如发动机防盗控制器到发动机ECU的串行通信线

(W-LINE);多条具有相同信号的导线可以设定共用一个保险,例如防盗模块、天窗控制器、BCM、ABS、电动窗控制器等均需要一个 IG1 信号时,可以统一设定一个 IG.(S) 保险。

③ 有时为了安全考虑,保险可以考虑细化。例如远光灯/近光灯保险各自分开的同时,左/右也同时分开,这样可以提高夜间行车的安全性。

④ 当一个保险同时保护两个用电器,而这两个用电器的功率差异较大时,应继续细化保险。如图 2-34 所示的情况,图(a)的线路保护方案就比图(b)合理(后风窗除霜额定电流 20.83A,后视镜除霜额定电流 6.2A)。

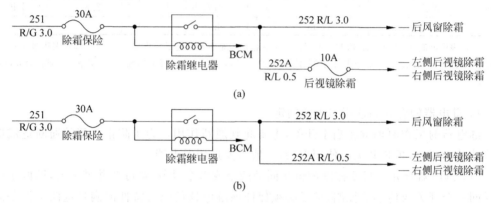

图 2-34 保险细化图

3. 建立电器属性表

建立电器属性表就是数据收集的过程,本身并不具备设计内容,收集数据只是为了能更好地为电源分配图的设计工作服务。属性表最基本的内容应该包括供应商信息、各引脚额定电压/电流、峰值电压/电流、堵转电流(电机类)、设备环境温度要求、设备所允许的最低电压降、插接件型号、导线屏蔽要求、负载接地要求、供电模式等信息。然后以表格的形式对各个子系统逐一统计。

4. 电源模式的确定

电源模式的确定简单来说就是设备该取什么类型的电源。一般来说汽车有常电、ACC、IG1、IG2、START(启动)五类电源。

电源模式的确定是一项极为复杂的工作,需要整车系统工程师的大力支持,而且这个分配并没有固定的模式,每个主机厂的设计理念不尽相同,每辆汽车的要求也不尽相同,比如紧凑型小车的电动座椅大都取电 IG2,而一些 B 级车却取常电,因为 B 级车有更大容量的蓄电池。

电源模式的确定虽然没有一定之规,但是有些基本设备的取电还是相同的,如果用电设备对取电模式有明确要求则按照要求执行,如无要求一般按照以下原则进行分配。

(1) 常电(30 电):蓄电池/发电机直接供电,也就是说无论点火开关处于哪个位置,这些设备均有电。这些设备一般包括防盗控制器、BCM、室内灯、喇叭、小灯、诊断系统、中控锁、各控制模块的记忆电源、ABS 系统、制动灯、危险警告、电动天窗等。

(2) ACC 电：点火开关拧至 ACC 挡通电，发动机启动瞬间断电。这些设备一般包括点烟器、备用电源、影音娱乐系统、电动后视镜等。

(3) IG1 电（15 电）：点火开关拧至 ON 挡通电，在行车过程中以及 START 挡位时仍通电。这些设备一般包括组合仪表、安全气囊、倒车系统（倒车灯、倒车雷达和倒车影像）、发动机系统（包括散热器风扇、点火线圈、喷油嘴、油泵）、雨刮喷淋系统、前照灯、雾灯等。

(4) IG2 电（75 电）：点火开关拧至 ON 挡通电，在行车过程中仍通电，但是在 START 挡位时断电（也有个别车型有不断电的情况）。这些设备一般包括空调系统、电动座椅、座椅加热、除霜系统等。

(5) START（50 电）：启动发动机的挡位，发动机启动后松开钥匙，挡位自动回弹至 ON 挡，当处于此挡位时，ACC 和 IG2 挡位断电，以保证蓄电池有足够的能量启动发动机。该挡位的设备一般只有启动机（吸拉线圈）。

需要特别注意的是，现代汽车的功能越来越强大，用电设备也越来越多，点火开关已经不能够再承受更多的用电设备挂接在上面，故在进行电源分配时让额定工作电流较大的电器件电源取自常电，采用继电器控制的方法挂到相应的开关挡位上，这样既可以满足该电器件对电源的要求，也不会导致点火开关的工作电流过大，从而导致开关烧蚀的现象出现。

5. 负载设备分布位置分析

负载设备分布位置分析的主要目的是依据负载位置确定其保险和继电器的合理设计位置，位置分析得是否到位关系到整车导线的用量以及负载设备的电气性能。在设计过程中需要自始至终贯彻一条原则：可以适当地延长控制线的长度，尽可能使起到执行作用的导线最短。这样做的目的是尽可能地使电源到负载的电压降低幅度最小（电压降最小），同时起到执行作用的导线一般线径较粗，这样也能节约一定的成本，降低整车重量。

一般车型都会有两个保险丝盒，一个布置在发动机舱，一个布置在驾驶室。在整车内造型设计完成时，用电器的分布位置以及边界尺寸已经被确定下来了，图 2-35 所示是一辆较为典型的整车电器布置图。在做开发时除了部分控制模块的摆放位置有些区别，其他电器基本一致。

依据经验，对整车电路的保险和继电器做如下布置（依据车型不同会有部分差别）。

(1) 电源保险盒：该保险盒的保险都是总保险（一级保险）或者额定电流较大的用电器保险，包括 EPS 保险、ABS 保险、发电机保险、预热保险（柴油车）、机舱保险盒总保险、仪表保险盒总保险等。这些保险丝一般为 Mega、BF1、板式保险或者 MasterFuse（日系车较为常见）。

(2) 机舱保险盒：该保险盒内一般包括散热器风扇保险和继电器、ABS 模块保险、发动机 ECU 模块保险、主继电器保险和继电器、电喷系统三级保险、远近光保险和继电器、启动机保险和继电器、油泵保险和继电器、前后雾灯保险和继电器、喇叭保险和继电器。机舱保险盒的特点是保险较少，继电器较多，但一般来说该保险盒的尺寸较小，所以布置起来较为拥挤，可以依据实际情况把部分保险和继电器调整到仪表保险盒，例如喇叭、前后雾灯、油泵保险和继电器等。

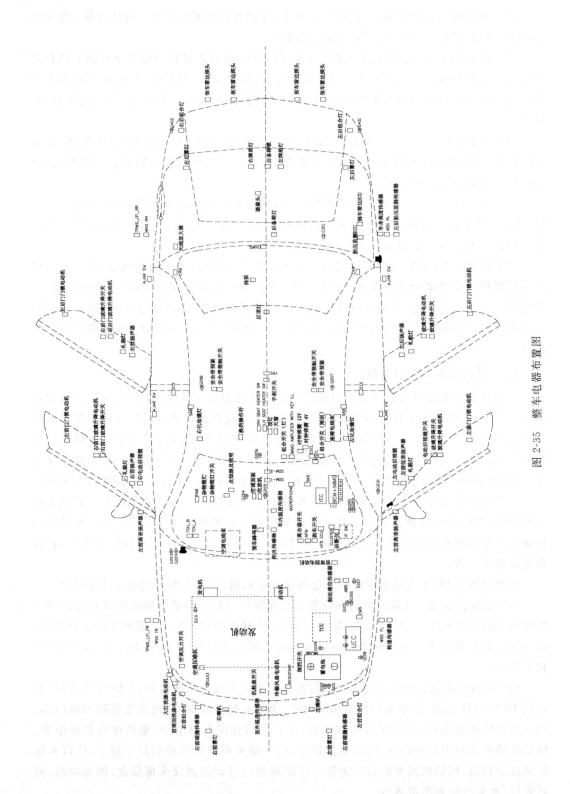

图 2-35 整车电器布置图

(3) 仪表保险盒：除 ABS 和发动机 ECU 之外的所有模块的保险、中控门锁保险、电动窗保险和继电器、影音娱乐系统保险、天窗保险、电动后视镜保险、除霜保险和继电器、制动灯保险、前后雨刮保险和继电器、前后喷淋保险和继电器、小灯保险和继电器、制动灯保险、空调系统保险和继电器、点烟器和备用电源保险、仪表保险、危险警告/闪光系统保险和继电器、座椅加热和电调保险、倒车灯保险、胎压监测保险、室内照明系统保险、ACC 保险和继电器、IG1 保险和继电器、IG2 保险和继电器等。

6. 保险和继电器的确定

1) 保险的确定

一级保险（总保险）一般为 Mega、BF1、板式保险或者 MasterFuse 保险，其容量的确定较为复杂，目前还没有一个较为严格的计算公式。如果确定为其后面拖挂的二级保险的总容量之和显然是不合理的。根据经验，一般用该保险所拖挂的所有负载的额定电流总和除以系数 0.8，然后根据保险环境温度来综合确定。同理，下面的二级保险和三级保险如果拖挂了多个用电器，也是使用相同的算法。

二级保险一般选用 JCASE、Auto、Mini、MAXI 保险。其中 JCASE 和 MAXI 属于慢熔保险，一般容量为 20A~80A；Mini 和 Auto 为速熔保险，容量为 2A~40A。慢熔保险一般使用在电流较大的电机类负载（电动窗、风扇、鼓风机、ABS）以及二级保险后面拖挂了几个三级保险的时候（主继电器保险、IG1 保险等），而速熔保险一般使用在额定电流较小的简单支路中。

三级保险均为速熔保险，容量一般不会超过 30A，选用 Mini 居多。

2) 继电器的确定

继电器的种类选择一般要注意两个方面：一方面是原理；另一方面是继电器触点容量的选择。原理方面，在常规继电器中应注意一组常开和一组转换的选择。特殊继电器应着重注意闪光继电器和雨刮继电器，应结合 BCM 和雨刮器的原理进行分析。有些车型可能不需要电线束配备继电器，有些需要，但是需要什么种类的继电器，这些都是需要注意的地方。

7. 电源分配图的设计

电源分配图是整车电路的骨架，对后面的设计工作开展起到至关重要的作用，所以在设计时一定要全面考虑，设计完成后再结合项目资料反复印证，发现问题后逐一更改，直至完美。

2.8 蓄电池和发电机的选择

2.8.1 蓄电池

1. 蓄电池简介

蓄电池是能将所获得的电能以化学能的形式储存并将化学能转化为电能的电化学装

置。铅酸蓄电池是由稀硫酸做电解液,用二氧化铅和铅分别作为电池的正极和负极的一种酸性蓄电池,主要作用是给启动系统提供电源、吸收瞬变过电压及在发电机不工作时作为辅助用电器供电。

2. 蓄电池容量介绍

我国汽车启动用铅酸蓄电池产品的国家标准,长期以来一直以 20hr(hr 是小时率 hour rate 的缩写)容量作为额定容量(C20,单位为 Ah),如 45Ah、60Ah、80Ah 等。20hr 容量因检查放电电流较小,较真实地反映了铅酸蓄电池的实际容量。

启动蓄电池的 20hr 容量仅仅是一种试验要求,与实际使用状态差异较大。为了使启动用铅酸蓄电池容量的技术要求尽量符合实际使用状态,一些发达国家在 20 世纪 70 年代根据不同类别汽车的实际用电情况提出了储备容量(Crn,单位为 min)这一概念。储备容量即蓄电池在一定的温度范围内(25℃±2℃),以 25A 电流放电至规定的终止电压(12V 蓄电池终止电压为 10.5V),放电持续时间应达到规定值(分钟数)。现在欧美等国家及国际标准均已采用储备容量衡量蓄电池容量大小。

2.8.2 发电机

1. 发电机概述

交流发电机为整车用电装置提供能源,同时担负着为蓄电池充电的作用。如果发电机功率过大,不仅占用空间,发电机容量得不到充分利用,而且还会造成发动机油耗增加;发电机功率过小,则蓄电池充电不足,影响启动,并造成蓄电池过早损耗。

2. 发电机的选择(电量平衡计算法)

在选择发电机时,因为汽车所处的各种工况种类繁多,而各工况下整车的电量消耗又有所不同(例如怠速状态下发电量是否能满足用电器的消耗,是否需要蓄电池辅助供电),而且车主使用电器的多少又不一致,所以很难找到一个合适的固定公式来计算整车的电量消耗。一般采用传统的电量平衡分析法先计算整车的电量消耗,得出结果后再模拟各种极端工况的电量平衡情况,最后通过路试、试验等方法来验证选择是否合理。

2.9 中央保险盒的设计和开发

2.9.1 中央保险盒设计概述

中央保险盒(又称熔断丝盒或配电盒)是整车用电器的电力分配集中装置,一般由基体和保险、继电器、拔片器、汇流条、PCB、塑料支架、接线柱和插接件等构成。中央保险盒集中式布置有利于节约整车的空间、降低成本和维护方便。一辆汽车一般来说拥有两个中央保险盒,发动机舱和驾驶室各有一个,有些车型在蓄电池正极会挂接一个小型的保险盒,负责整车大电流的分配。在较高端的车型中,中央保险盒的数量会增至 3~4 个,比如在后备箱布置一个,或者驾驶室布置两个。

按照项目整体的控制成本和对产品性能稳定的要求,在能够满足新开发车型保险、继电器回路要求的情况下,尽量优先考虑直接借用现有产品,这不仅能降低开发成本和管理成本、缩短开发周期,同时也能保证产品的质量;如果不能直接借用现有产品,可以考虑在现有的产品基础上进行局部更改,这样也可以缩短一定的开发周期和后续试验周期;对于没有借用可能,需要全新开发的产品,一定要经过严格的各种试验才能装车投入使用。

中央保险盒是整车电路的中枢,设计的合理与优劣对整车的电气性能会产生很大的影响,而它的设计也是一项极为复杂的工作,需要注意的要点很多。

2.9.2 中央保险盒的设计

1. 中央保险盒的选型

中央保险盒较为常见的有四种,分别为插线式保险盒、汇流条式保险盒、PCB板式保险盒和智能保险盒,这四种保险盒均有各自的优点和缺点,也均有各自的使用领域,应依据车型的状况和客户的要求来选择合适的保险盒。

1) 插线式保险盒

插线式保险盒是以保险盒为母体,将压接好导线的端子穿入保险盒内,然后安装相应的保险和继电器。继电器和保险之间的相互联系完全靠电线束来实现,如长城汽车的PP1413801就是一款典型的插线式保险盒。

优点:结构简单、便于更改和产品改型,适用范围广(能满足大电流保险和继电器、适应高低温环境),一般用于市场定位较低的车型中。

缺点:电线束装配复杂,不便于维修和更换,性能可靠性略差,不易防错,易产生设计缺陷(如继电器端子退位等)。

2) 汇流条式保险盒

汇流条式保险盒是以铜合金板的形式来实现保险和继电器之间的相互联系,各层铜合金板之间又分别布置了绝缘板。该类型的保险盒目前得到了广泛的应用,如长安CV8车型使用的就是典型的汇流条式保险盒,如图2-36所示。

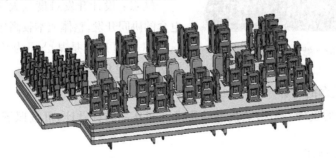

图2-36 汇流条式保险盒

优点:可靠性高,应用范围广,可适用于大电流回路和不同的空间尺寸要求,适用于整车高低温环境,与电线束对接装配方便快捷。

缺点:产品开发投资较大,设计、更改周期长,费用较高。

3) PCB 板式保险盒

PCB 板式保险盒以 PCB(双层板)的形式通过铜箔实现保险和继电器之间的相互联系,PCB 的一层焊接有熔断丝插座和继电器插座,另一层焊接有保险盒插接件端子(与电线束对接)。

江淮汽车使用的就是一款典型的 PCB 板式保险盒,其内部 PCB 板式保险盒结构如图 2-37 所示。

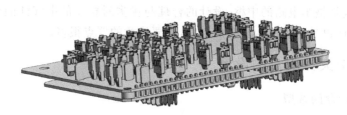

图 2-37　PCB 板式保险盒

优点:易于标准化批量生产,产品开发投入较低,设计、更改容易且费用低,与电线束装配对接方便快捷。

缺点:使用范围较窄,因为 PCB 的特性和铜箔对电流的限制,该类型保险盒不适用于高温环境(如发动机舱)和大电流回路。

4) 智能保险盒

智能保险盒是最近几年逐渐兴起的新产品。由于汽车的发展越来越快,电路也越来越复杂,整车电线束的重量也变得越来越大,这时候智能保险盒应运而生。智能保险盒是一个智能控制系统,它将整车 BCM 和部分继电器以及保险集成在了一个总的控制单元上,这样就能大大减少传统设计中 BCM 和保险盒之间大量的导线,这样的设计也使得整车电路的稳定性得以提高。

图 2-38　智能保险盒

优点:便于集中供电管理,可以提高整车电气性能,节约大量导线,简化电线束。

缺点:设计开发难度较大,需要 BCM 和配电盒的协同开发,整体成本较高(包括维修成本)。

图 2-38 所示是某公司为长城某车型开发的智能保险盒。

2. 中央保险盒的设计

中央保险盒的设计一般分为内部结构设计和外部结构设计,可按照图 2-39 所示的流程逐步进行。

1) 外部结构设计

外部结构设计需要收集的输入信息有保险盒的最大边界尺寸、保险盒的固定方式、电线束在保险盒的出入方向及位置、保险盒的密闭性(防水或是否带上下盖等)。

最大边界尺寸一般是主机厂提供的保险盒与车身其他部件不干涉的基本尺寸。在设计时,整体外部尺寸应略小于该尺寸,同时还应考虑保险盒的安装、拆卸以及维修的方便

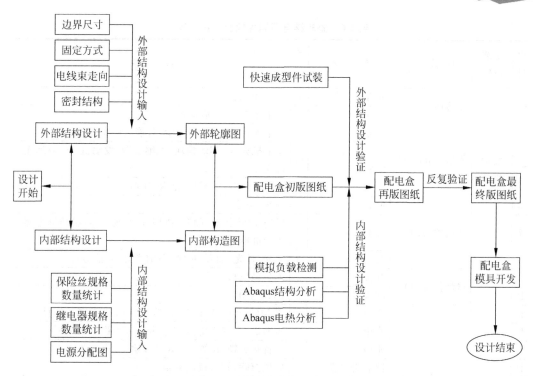

图 2-39 中央保险盒设计流程

性,在考虑这些因素后,保险盒的外部结构尺寸也许会进一步缩小。

需要根据保险盒的安装位置以及周边环境来确定保险盒是以螺栓紧固还是支架卡接固定。在设计固定方式时应充分考虑保险盒在行车以及极端恶劣的环境下的稳定性,还应考虑主机厂工人安装的便捷性。

出入口的设计因为涉及电线束的整体布置,在前期阶段可能并不能完全确定下来,后期有更改的可能。应根据电线束从保险盒的走向(出、入或者只入不出),在确定电线束出入口时,考虑电线束生产的便利性以及电线束在整车安装的便利性,同时应注意整体视觉效果,保证电线束的平顺性,避免电线束在保险盒处歪扭或者迂回。

密封结构是以保险盒所处的环境位置来确定的,一般发动机舱保险盒均带有上下盒盖,甚至一些车型还要求密闭防水;而驾驶室内环境较好,且受驾驶室内空间限制,保险盒均不带上盖,为了防止端子与车体其他部分接触短路,一般要求有下盖保护。

2)内部结构设计

内部结构相对于外部结构来说复杂得多,需要有准确的设计输入,至少保证80%以上的准确性。电源分配图是内部结构设计的基础,所以必须保证在配电盒模具开发之后不能有较大的改动。为了方便设计,需要在内部结构设计之前依据电源分配图统计出表2-6中的数据。

下面依据表2-6介绍在保险盒内部结构设计中应注意的问题。

(1)保险和继电器的预留问题。电源分配图应以最高配置车型来设计,因为空间的限制,所以在设计时不应过多预留保险和继电器位置,但为了防止后期的车型配置变更导致配电盒的重新设计,又不能不预留,所以合理分配尤其重要。

表 2-6 整车继电器和保险分析统计表

序号	安装位置	类型(数量/个)	规格	数量	备注
1	发动机舱保险盒	慢熔保险(4)	40A	1	ABS 电动机
2			30A	3	风扇1/风扇2/启动机
3		速熔 Mini(11)	独立		蓄电池传感器(单独保险,智能启停车专用)
4			常电	11	发电机充电/ABS 模块/主继电器/发动机 ECU/远光/近光
5					左前雾灯/右前雾灯/油泵/喇叭
6		继电器(12)	9.5/6.3	1	预热(柴油)
7			6.3/6.3	6	风扇1/风扇2(五脚)/风扇3/主继电器/启动继电器/传动链继电器
8			6.3/4.8	6	远光/近光/油泵/喇叭/左前雾灯/右前雾灯
9	驾驶室保险盒	慢熔保险(4)	40A	2	IG1/鼓风机
10			30A	2	IG2/电动窗
11		速熔 Mini(31)	常电		BCM(3个)/CD 机/胎压监测/PEPS/天窗/制动灯
12			常电	16	压缩机/中控锁闭锁/中控锁解锁/超级锁闭锁
13			常电		后备箱解锁/位置灯/ACC 保险/点火开关
14			除霜继电器	2	后风窗除霜/后视镜除霜
15			ACC 继电器	4	备用电源/点烟器/BCM/ACC2
16			IG1 继电器	7	BCM/前雨刮/智能雨刮/IG.(S)/雨刮洗涤/安全气囊/倒车灯
17			IG2 继电器	2	座椅加热/燃油加热
18		继电器(15)	9.5/6.3	2	鼓风机/鼓风机高速
19			6.3/6.3	3	电动窗/IG1/IG2
20			6.3/4.8(5 脚)	5	中控锁闭锁/中控锁解锁/超级锁闭锁/后备箱解锁/后雨刮
21			6.3/4.8(4 脚)	4	压缩机/除霜/ACC/位置灯
22			8 爪混合(待定)	1	雨刮继电器(8 爪)

以驾驶室保险盒为例,保险盒内共有 4 个 JCASE 慢熔保险,一般再预留 2~3 个即可。

取自常电的 Mini 保险有 16 个,一般预留 3~4 个。

取自除霜继电器的 Mini 保险有 2 个,因后期无其他除霜功能可加,则不预留。

取自 ACC、IG1、IG2 的 Mini 保险分别为 4 个、7 个和 2 个,分别预留 2~3 个即可。

因为以上保险的取电方式均有限制,所以应再预留 4~5 个独立的保险(不通过汇流条)。

9.5/6.3 继电器和 6.3/6.3 继电器目前分别有 2 个和 3 个,因为此类继电器所用较少,一般各自再预留 1 个即可。

6.3/4.8 继电器使用了 9 个,因为该类继电器使用范围较广,则可预留 2~3 个。

(2) 保险和继电器的排布。如何在有限的空间内排布额定数量的保险和继电器是一项较为烦琐和复杂的工作,需要认真地分析电源分配图,捋清保险和继电器之间的对应关系,合理利用汇流条进行排布。仍以表2-6中的驾驶室保险盒为例,16个Mini保险取自常电,则可以设计一根汇流条,取自IG1的保险也多达7个,同样也可以设计一根汇流条,而除霜继电器又是直接取自常电后再过保险,所以就有了图2-40所示的设计方案。

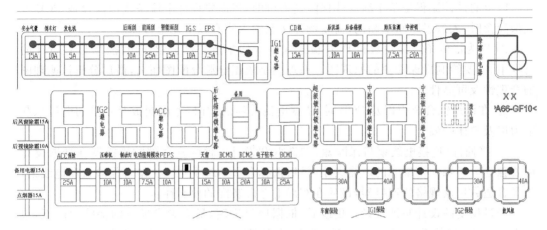

图2-40 保险和继电器的排布

在排布保险和继电器时,应注意彼此之间避免交叉混乱,这样在电线束装配时不至于让保险盒内的导线过于混乱。同时还应注意散热问题,在设计初期就应该考虑到,并且在后期的Abaqus电热分析中验证。装配的便利性也是要考虑的,拔继电器或保险时无法下手或者使不上力气是保险盒设计失败的表现。

(3) 保险和继电器端子的选取。此处并不局限于该选取哪种保险和继电器端子,只要保证端子在保险盒内的保持力、端子与继电器和保险的插拔力即可。应该紧密结合积累起来的失效数据库,避免问题端子的重复选用,例如在某车型的保险盒中,音叉式保险端子在保险经过数次插拔后存在插拔力不足的隐患,在设计中应予以注意。

(4) 保险和继电器的编号。内部结构确定后,需要对继电器和保险编号,在后面的原理图设计时会用到编号,编号也需要再返回到电源分配图中输入。保险丝一般按F1~F99编号,继电器按照R1~R99编号。可以将所有的保险丝和继电器合并在一起编号,也可按照保险盒分开编号,但必须保证原理图、电源分配图、电线束二维图、保险盒标识的编号一致。

3) 设计验证

(1) 电热分析。依据Abaqus软件输入热导率、潜伏热、比热、电导率、材料密度、焦耳热、对流系数、辐射率等参数,再根据电源分配图输入各引脚电流,最后得出相应的时间—温度曲线以及整个保险盒内的热场分布,各个回路的电压降。最后分析结果,对不合理的地方进行调整。

(2) 结构分析。依据Abaqus软件输入物性表(密度、摩擦因数、泊松比、杨氏模量、应力、应变等),最后得出端子插拔力、端子插入护套力及在护套中的保持力、铰链的抗弯曲能力等,然后分析结果,对不合理的地方做出相应调整。

(3) 制造分析。依据MoldFlow软件输入STL格式3D数据以及材料参数和工艺参数等,设置相应的分析顺序,最后得出流动、冷却、翘曲等参数,然后分析结果,对不合理的地方做出相应的结构调整。

（4）装配验证。依据数模做出快速成型件，在汽车上模拟装配，分析装配的合理性以及干涉情况，如有不合理，则继续进行调整。

以上的设计流程是基于插线式保险盒来讲的，当需要设计汇流条式保险盒或PCB板式保险盒时，大致思路基本相同，需要额外注意的内容有以下几个方面。

① 因为汇流条式保险盒和PCB板式保险盒均集成了部分整车电路，所以在设计的过程中，需要绘制出保险盒的原理图。原理图是依据电源分配图而来，最后分析该原理图的合理性及可靠性。

② 在设计铜合金板以及PCB时，依据电流流经的方向，考虑铜板及锡箔的电流承载能力以及整体的温升。

③ 接插件（连接电线束与保险盒）的选取和设计。保险盒背部的连接器在选取设计时要独立分析每一个端子的电流大小，最后选择合适的端子宽度。结合保险盒和电线束，选择合适数量及规格的连接器，最后在布局上考虑装配的便利性。

经过反复的设计验证及设计更改后，依据项目进度，最后确定最终的保险盒图纸，包括保险盒的3D数模、二维图纸、模具图纸、装配图纸等，然后发布开模指令。

2.10 原理图设计

2.10.1 原理图设计概述

原理图是整车电气系统设计的核心部分，对整车项目的开发有重要的影响，完成了原理图设计，整车电路设计工作也就完成了一大半。同时原理图设计又是耗时最长、注意要点最多、内容最烦琐、最容易出错的一个关键环节。电源分配的设计、接地点的设计、保险和继电器的选择、导线的设计、搭铁点的分配设计都是最终为原理图设计而服务的。

传统原理图设计是将整车的原理设计在一张图纸上，一条导线贯穿数个子系统，这样设计整体上的连贯性较好，不用截断导线，能更好地把握全局，但是缺点也比较明显，就是查找起来比较麻烦，导线众多，容易混淆视觉。同时对主机厂编写维修手册极为不利，在编写时需要将原理图进行分割。

分系统原理图是最近几年在主机厂和各设计公司较为流行的一种画法，即按照汽车电气系统的分类，每个系统单独用一张A3图纸绘制，如按发动机控制系统、空调系统、安全气囊系统，每个系统都有自己独立的电源、保险、控制、执行、接地功能。这样绘制的优点是整车原理图看起来清晰明了，查找方便，在编写维修手册时能直接使用，缺点是整体视觉效果较差，多个系统共用一条导线时表示起来比较烦琐。

就目前而言，建议在开发项目时按照分系统原理图来绘制整车原理图，下面对原理图的设计说明也是基于这种画法。

2.10.2 原理图的总体设计

单个系统原理图的图框使用A3图框，在图号一栏填写系统名称，并在名称前加注编号,如 1.1 发动机控制系统。小数点前的数字表示大的系统,小数点后的数字则是在一张 A3 图纸无法满足时,将该系统分解后的小系统标号。当一个独立的系统只需要一张图纸即可完成时,小数点后面数字为零。系统的划分依据车型不同而有所不同,各工程师可根据情况确定。表 2-7 是一种较为典型的推荐编号方法。

表 2-7 原理图系统编号方法

系统名称	子系统名称	系统名称	子系统名称
1. 发动机系统	1.1 发动机控制	6. ABS 制动系统	6.0 ABS、ESP、制动灯
	1.2 诊断通信		6.1 驻车辅助(PDC)
	1.3 启动发电	7. 安全气囊系统	7.0 安全气囊
	1.4 发动机防盗控制	8. 雨刮、洗涤、喇叭系统	8.0 雨刮、洗涤、喇叭
	1.5 发动机冷却	9. 倒车系统	9.0 倒车雷达/倒车可视、倒车灯
	1.6 自动传动	10. 影音娱乐系统	10.0 收音机、CD/DVD、导航
2. 灯光系统	2.1 前照灯		10.1 点烟器、后视镜系统
	2.2 转向灯	11. 座椅系统	11.0 电动座椅、座椅加热
	2.3 雾灯	12. 门窗系统	12.1 四门玻璃升降
	2.4 小灯		12.2 中央门锁控制
	2.5 室内灯		12.3 电动天窗
3. 空调系统	3.1 自动空调	13. 车身控制系统	13.0 BCM
	3.2 手动空调	14. 四轮驱动系统	14.0 四轮驱动
4. 仪表系统	4.0 组合仪表	15. 电动助力转向系统	15.0 电动助力转向
5. 燃油加热系统	5.0 燃油预热、加热	16. CAN 总线系统	16.0 全车数据总线联网电路图

在绘制原理图前应将系统划分大致确定下来,并将编号输入到表格中备用,原理图内会用到这些编号。不管系统如何划分合并,始终要注意的是,不能遗漏任何一个功能甚至是一条导线,这需要在原理图设计时认真细心,仔细校核。当车型配置较高时,如整车有 CAN 总线系统,则需要单独绘制一张整车的数据总线联网电路图,严格来说,这个图并不是原理图。

2.10.3 分系统原理图的设计

一张完整的分系统原理图应从蓄电池开始,到电源盒,再到保险盒内的保险,经过继电器(可无),经过开关(或控制模块),再到用电设备,最后接地。整个图纸包含蓄电池、保险、继电器、保险盒、点火开关、导线、电线束内连接点、卡点、电器设备及引脚编号、接地点、分系统原理图之间的连接点等。在后面将逐一分析这些图纸信息的输入注意事项。

原理图设计的重要依据就是电器供应商提供的引脚定义图。图 2-41 所示即为某车型电动助力转向的引脚定义图,下面将以此为例来还原原理图的设计过程。

拿到引脚定义图后,不应放过该图纸上的任何信息,透彻地分析才是设计原理图时不出错误或者少出错误的基础。从图 2-41 中可以看出,电动助力转向系统由三部分构成,分别为 EPS 模块、EPS 电动机以及转向传感器。

转向传感器共有四条导线,直接与 EPS 模块通信,和本系统之外的其他电器没有任何关系,1~4 脚分别对应 EPS 模块的 3、5、4 和 14 脚。

电动机的 23 和 24 脚可以不用处理,它们是由模块直接到电动机的连接线,由 EPS

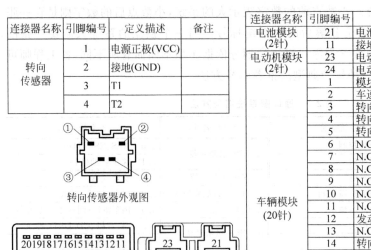

图 2-41 某车型电动助力转向的引脚定义图

厂家提供,而 21 和 22 脚则分别是电动机的电源和接地。电源要求取常电,接地点是单独接地,这些在电源分配图和接地点分配中均能找到。

模块中 N.C 均为空位,1 脚为模块电源,取电 IG1,2 脚为车速信号,12 脚为发动机转速信号,16 脚为诊断线,20 脚为仪表指示(故障)。该模块没有自己独立的接地,与 EPS 电动机共用接地线。

分析完成后,应先在图纸中的合适位置画出控制模块,标出脚位,然后逐条导线绘制。因为发动机转速信号、车速信号、诊断线和仪表指示需要与其他系统共用,所以用"分系统原理图之间的连接点"表示,电源线应逐级朝前绘制,一直到蓄电池位置,电路中涉及的所有保险、继电器、保险盒均应表示出来。电路绘制完毕后,开始添加附加信息,图 2-42 所示为完成后的原理图。

原理图的设计过程中,涉及很多编号,下面介绍保险、继电器、导线、内连接点、引脚、接地点的编号。

1. 保险和继电器的编号

可以将所有的保险和继电器合并在一起编号,也可按照保险盒分开编号,但必须保证原理图、电源分配图、电线束二维图、保险盒标识的编号一致性。图 2-42 是按照保险盒分开编号,电源保险盒内的保险编号为 F1-×,机舱保险盒内的保险编号为 F2-×,驾驶室保险盒内的保险编号为 F3-×,同理,继电器分别编号为 R1-×、R2-×、R3-×,其中×为自然顺序编号。

2. 导线的编号

在原理图设计中需要计算导线的规格,编制导线的颜色和号码。为了防止后期出现

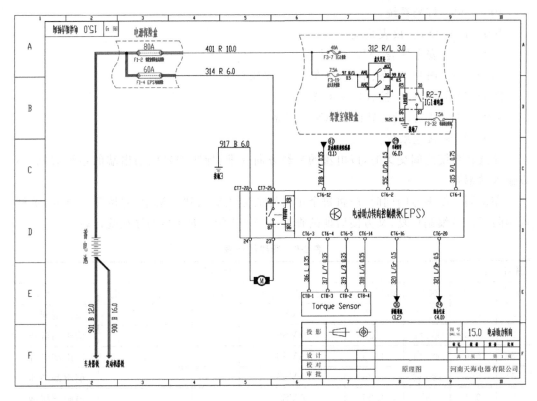

图 2-42 原理图

导线颜色混乱的情况,一般按照表 2-8 来分配各系统的导线主色(仅推荐),辅色可以自由选取,需要注意的是一个连接器内避免出现同色线且同规格的导线。

表 2-8 导线颜色及代号

序号	系 统 名 称	导线主色	代号
1	电源系统	红	R
2	点火和启动系统	白	W
3	前照灯、雾灯及灯光照明系统	蓝	L
4	灯光信号系统,包括转向指示灯	绿	G
5	ABS 及安全气囊系统	黄	Y
6	仪表及警报指示和喇叭系统	棕	Br
7	收音机、电子钟、点烟器等辅助装置	紫	V
8	各种辅助电动机及电气操作系统	灰	Gr
9	空调系统	橙	O
10	电气装置搭铁线	黑	B

导线的号码编制一般采用三位数字,跳过 50 的整数倍,如 100、150、200 等,尽量避免使用 1 位数和 2 位数。打卡线在数字后面按顺序编写字母,如 103A、103B、103C…,为了使整个原理图看起来规范整洁,推荐使用下列编号方式。

100~299:发动机系统(包括诊断、启动、发电、防盗、冷却、自动变速)。

300～399：灯光系统。

400～499：空调、仪表系统。

500～599：安全气囊、ABS、制动系统。

600～699：雨刮、洗涤、喇叭、倒车、影音娱乐系统。

700～799：门窗、中控、BCM系统。

800～899：座椅、助力转向、CAN总线系统。

900～999：接地系统。

导线在系统之间交叉时，以电流的流经方向为准，导线编号以输出端的系统编制，不以输入端编制。

在编制导线编号的同时，应将每个定义好的导线输入到表格中，并按顺序排列，这样既预防了线号编制重复，又方便后期的查询。表2-9所示为典型的导线统计表。

表2-9 导线统计表

统计人：								版本号：
序号	线号	颜色	线径/mm	种类（执行标准）	屏蔽	双绞	绞距	功能定义
1	651	蓝/黄	0.85	AVSS				前雨刮间歇
2	652	蓝/红	1.25	AVSS				前雨刮低速
3	650	蓝/白	1.25	AVSS				前雨刮电源
4	653	绿/黄	1.25	AVSS				前雨刮高速
5	901	黑	1.25	AVSS				前雨刮接地

3. 内连接点

内连接点是指一条导线从一张原理图到另一张原理图，而无法通过导线直接连接，需要将导线打断，编号表示。如图2-43所示，这两个连接点是电动助力转向系统原理图中的两个内连接点，以31号内连接点为例，圆圈内的31为内连接点编号，每设定一个编号，就需要记录下来，因为这个编号是唯一的，"诊断通信"是表示320导线走向诊断接口，(1.2)表示这条导线去图号为1.2的原理图中，同样，在1.2图中也有一个31与之对应。所以，在整车原理图中，内连接点编号只有两端，不会出现三个，也不会出现一个。箭头方向表示电流的流经方向。

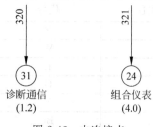

图2-43 内连接点

4. 引脚编号

引脚编号一般以电器供应商提供的引脚定义图为准，在原理图中的引脚编号要与定义图一致，但是空位并不需要在原理图中标注。

5. 接地点编号

在接地分配图中，各用电器的接地点已经确定，在绘制原理图时，直接按照接地分配图中的编号输入即可。

2.11 接地点分配设计

2.11.1 接地设计概述

接地设计是整车电气系统架构设计中最为复杂的一项工作,接地的好坏直接影响电器的稳定工作、整车电磁兼容性(EMC)等。

接地是指将一个电路、设备、分系统与参考地连接,目的在于提供一个等电位点或面。接地必须有接地导体和参考地才能完成。

参考地的含义是广泛的,可以是大地,也可以是起大地作用的有足够面积的导体。如飞机、船舶的壳体、机柜的柜体等。汽车电气、电子系统的参考地应是车架或厢体。理想的参考地是一个零电位、零阻抗的物理体。接地导体则是电路、设备、分系统的接地点与参考地的连接体。接地是一个系统概念,电流幅值和频率是两项关键因素,对接地分类是为了选择接地导体及其连接方式。

2.11.2 接地方式

1. 悬浮地

设备悬浮地是指设备的地线在电气上与参考地及其他导体相绝缘。单元电路悬浮地是指单元电路信号地与参考地及车体绝缘。悬浮地容易产生静电积累和静电放电,易遭雷击。通常在悬浮地与参考地之间接进一个阻值很大的电阻以消除静电积累。信号电平相近时使用共地单点接地或多点接地,相差很大时可使用悬浮地。

2. 单点接地(频率小于1MHz)

并联单点接地是指每个电路模块都接到一个单点地上,每个单元在同一点与参考点相连,优点是无公共阻抗耦合,缺点是接地线过多。串联单点接地是指接地点应选在低电平电路的输入端,使其最接进参考地,优点是简单,缺点是公共阻抗耦合。若把接地点移到高电平端,则输入级的地对参考地的电位差最大,是不稳定的,如图2-44所示。

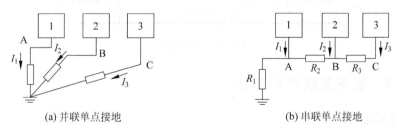

图2-44 并联单点接地和串联单点接地

3. 多点接地

多点接地(频率大于10MHz)如图2-45所示。

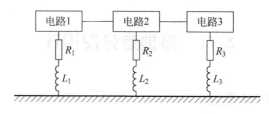

图 2-45 多点接地

为了减小地线电感,在高频电路和数字电路中经常使用多点接地。在多点接地系统中,每个电路就近接到低阻抗的地线面上,如车身。电路的接地线要尽量短,以减小电感。在频率很高的系统中,通常接地线要控制在几毫米的长度范围内。

如前所述,多点接地时容易产生公共阻抗耦合。在低频的场合,通过单点接地可以解决这个问题。但在高频的场合时,只能通过减小地线阻抗(减小公共阻抗)来解决。由于集肤效应,电流仅在导体表面流动,因此增加导体的厚度并不能减小导体的电阻。在导体表面镀银能够降低导体的电阻。通常在 1MHz 以上时,可以用单点接地;10MHz 以上时,可以用多点接地。在 1MHz~10MHz 时,如果最长的接地线不超过波长的 1/20,可以用单点接地,否则用多点接地。

4. 混合接地

混合接地系统在不同的频率呈现不同的接地结构。图 2-46 所示是一个系统工作在低频状态,为了避免公共阻抗耦合,需要系统串联单点接地。但这个系统暴露在高频强电场中,因此屏蔽电缆需要双端接地(屏蔽高频需要多点接地)。

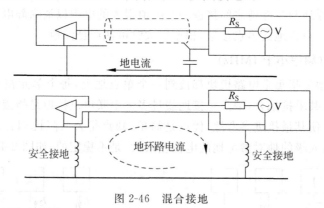

图 2-46 混合接地

2.11.3 整车系统接地设计

1. 系统接地

系统地线应分组敷设,除应按电源电压分组外,还应分为信号地线(包括数字地线、模拟地线、高频地线、低频地线、高电平地线、低电平地线等)、骚扰源地线和机壳地线等。

整个系统各类地线汇集于一点,接参考地。系统地线设计步骤如下。

(1) 分析系统内各类部件的骚扰特性和敏感特性。
(2) 分析系统内各电路的工作电平、信号种类和电源电压。
(3) 将地线分类、划组。
(4) 画出系统布局。
(5) 画出接地分配图。

2. 地线的意义

地线在汽车上不仅仅是一个接点,它是一个综合的、系统的汽车电气系统,它的主要功能如下。

(1) 提供给直流负载、交流负载和瞬变负载电流回路,连接蓄电池或发电机的负极端。
(2) 提供电压给传感器、通信系统、单端数字输入等。
(3) 静电屏蔽,隔离外部射频辐射。
(4) 提供静电放电泄流,ESD(静电释放)保护。
(5) 汽车天线的地平面。
(6) 降低电平,减小腐蚀。

3. 地线的可靠性

地线回路的可靠性主要由以下几个因素决定。

(1) 接地金属的连接面。
(2) 涂覆层及润滑油对传导地线连接板及其紧固件的影响。
(3) 潜在的腐蚀。
(4) 潜在的机械退化。

地线连接不可靠,或者接触不良时,就可以假设在电器的负极端串联一个大电阻,由串联分压原理可以得出,用电器的负极端并不是理想的零电位,可能是+2V 或者其他,这就出现了常说的悬浮电压,当它出现时,电器正负极两端电压会降低,就会导致电器不能正常工作。

在布线和接地点设计时,还要注意不能与漫电流(汽车上非电线束导线中的电流)形成环状,即不能构成发射或接收"天线"的特征。

关于接地点的选择,一般有以下几点需要注意。

① 接地点应尽量布置在容易维护的地方。
② 就近接地。
③ 转轴铰链不能作为电路连接,即不能依靠它传递漫电流。
④ 接地点应选择在电阻较小的部件上,避免支架接地。
⑤ 以焊接(如点焊)为主的构件间导电状况尚好,而以铆接和螺栓连接的构件间往往会有接触电阻。
⑥ 防火墙避免螺母接地,而采用焊接螺栓接地。
⑦ 关键电器单元独立接地,或者双接地,如安全气囊、发动机 ECU、敏感传感器。

2.12 电线束分段设计

2.12.1 电线束分段设计概述

电线束的分段设计各汽车厂和设计公司均没有形成一个固定的模式,一般都是工程师依据车型的相关情况,根据经验将整车电线束进行划分,然后再分析当前分法的优缺点,及时改进。下面按照整车电线束的布置位置大致介绍一下目前较为流行的分段设计方式(适用于国内目前大多数的紧凑型三厢轿车)。

1. 前舱部分

发动机控制电线束直接随发动机总成分装,一般发动机电线束不与其他电线束相连,部分车型将启动机、发电机导线合并在发动机控制线中,有些独立出来制作一条蓄电池正极电线束。

蓄电池负极电线束(包括车身接地和发动机接地)独立设计。

机舱电线束一般设计为绕机舱一周紧贴车体布置,将前舱保险盒和蓄电池正极以及电源保险盒布置在同一侧。

2. 驾驶室部分

仪表板电线束一般布置在仪表台管梁上,车身电线束在整车内呈 H 形或 E 形布置,配置较低的也有设计为 T 形的。

仪表板电线束在有些车型中与车身电线束合为一体,这样装配略复杂,但电气性能较好。

四门电线束需要独立出来,左、右前门电线束分别在左、右 A 柱下方与仪表板电线束相接,左、右后门电线束分别在左、右 B 柱下方与车身电线束对接。

顶棚电线束在副驾驶处与仪表对接,绕右 A 柱直接去顶棚。如果顶棚功能较多则单独分离,否则可与仪表板电线束合为一体。

3. 后备箱部分

后备箱部分按照各自区域可分为后备箱电线束和倒车雷达电线束,它们均在后排座椅处与车身电线束对接,后备箱电线束一般包括尾灯、后备箱灯、后备箱锁电线束等。而倒车雷达电线束一般包括牌照灯、倒车雷达、倒车摄像头电线束等。

2.12.2 电线束分段设计

下面介绍两种电线束分段设计方式,一种是借助 CATIA 和 CHS 软件的理想设计,另一种是在条件不允许的情况下的传统设计方法。

1. 理想设计

当整车的内造型完成后,各用电器、开关、保险盒以及控制模块的位置已经确定,在进行电线束三维布线时,将整车电线束设计为一个整体,暂不进行分段。运用 CATIA 软件的 Electrical Wire Routing 模块将整车原理赋予到三维电线束中,在满足装配的条件下对整车电线束进行分段,然后做出两种以上的分段方案,最后导入 CHS 软件中对方案进行运算,选用内连接最少、成本最低的方案,之后再进行微调整。

2. 传统设计

当项目开发没有能力运用 CATIA 或 CHS 软件时,则需要完全依靠经验进行分段设计,主要的思路就是依据空间布置来划分,按照前舱、仪表、车身、顶棚、后备箱来划分。以下是几种在分段设计时不太确定的电线束。

(1) 蓄电池电线束:有些车型正负极合并在一起单独成为一条蓄电池电线束,有些车型正极合并在发动机控制电线束内,将蓄电池负极电线束独立出来。

(2) 车身电线束:有些车型车身电线束太过复杂,不得已而分为左车身电线束和右车身电线束。

(3) 顶棚电线束:为了保证良好的电气性能,有些车型将顶棚电线束并在仪表板电线束内。

(4) 特殊设计方式:前舱电线束、仪表电线束和车身电线束以及顶棚电线束合并为一条电线束,这种方式被中华系列轿车广泛运用,装配和制造稍微麻烦,但是有较好的电气性能以及较低的成本。

(5) 四门电线束:由于四门独特的装配方式,四门电线束必须单独分离出来,建议左、右后门设计为一种电线束(即使用相同的型号)。

2.12.3 电线束分段设计注意事项

1. 电线束内连接位置设计

为了方便后期的维护,电线束的内连接点(电线束与电线束的连接点)一定要设计在方便维护的地方,尽力避免在后期修车时无从下手的情况出现。同时要注意对接插件的固定,因为接插件是自由连接,当条件不允许固定时,要考虑接插件在行车的过程中可能会造成异响,可以使用海绵将公端插件包裹来排除异响。

2. 电线束内连接插件的选取

当内连接点确定后,要对该连接点所处的位置进行分析,湿区要注意选用防水型插件。当内连接处的导线有粗有细时,尽量选取混合类接插件,如果选取单一的接插件,为了满足电气性能则会造成插件过大,细导线使用大端子而造成浪费。

在设计时还要考虑装配,有些内连接插件需要过孔时,应注意插件的尺寸,避免出现在装配时过孔困难的情况出现。内连接插件尽量选用批量使用且稳定的产品,因为这里对连接的稳定性有很高的要求,极易因虚接造成故障。

3. 产品开发类型

产品开发类型也是在分段设计时必须要考虑的因素。当该项目是平台开发时(全新的平台),分段设计则有较大的自由度,主机厂的装配工序需要按照电线束的分段来安排。但是在一个现有的平台上开发一个新车型或者变型开发时,则分段设计必须要配合主机厂的装配工序。例如仪表电线束分装时,则不能将仪表电线束和车身电线束合并,因为它们属于不同的工序。

单元 3 电线束产品图纸的绘制方法

本单元介绍我国大多数汽车企业和电线束设计加工企业的 2D 图纸的设计与图纸画法，以及常用的电线束零部件表示方法。

3.1 电线束一般表示方法及图纸绘制要求

1. 电线束产品图纸图框

电线束产品图纸图框采用标准图框 A0、A1、A2、A3、A4，除 A0 图框可以加长外，其他图框尺寸不可变动。

2. 电线束产品图纸格式

电线束产品图纸应由电线束标准图框、电线束示意图、更改栏、技术要求、材料明细（BOM 栏）、回路表、公差附表、线色中英文对照表以及必要的视图组成。

3. 电线束产品图纸幅面

（1）电线束示意图应在图纸幅面的居中位置，布局匀称，比例适中。电线束主干处于水平（或垂直）方向（可以按照实际情况合理布局），分支垂直于主干（如同一分支点的多个分支，或者分支方向于主干方向有夹角要求，则根据实际情况合理布局）。电线束示意图必须明确描述电线束实际方向，一般要求使用绘图语言，若有特殊要求，用视图、文字等方法说明。

（2）更改栏在图纸幅面的右上角，含栏框题头共 6 行，更改栏的右边框、上边框与图纸的边框重合。

（3）技术要求应在图纸幅面的左下角适当位置，并可根据产品图的具体布局适当调整。

（4）材料明细栏在标题栏上方，材料明细栏的下边框应和标题栏上边框重合，其右边框应和图纸右边框重合。材料明细栏行数应根据实际情况而定。

（5）回路表应在图纸幅面的左下角，其左边框、下边框与图框重合。回路表行数根据实际情况而定。

（6）公差附表应在图纸幅面的中下部位，其下边框和图纸边框重合。公差表行数根据实际情况而定。

（7）如第一张图纸不能全部涵盖所有内容，材料明细（BOM 栏）、回路表可在第二张图纸中体现。第二张图纸的图框可根据实际情况选择不同大小的标准图框。

4. 电线束产品图纸中零部件的画法

电线束产品图纸中插接器、保险盒、继电器盒、护壳、卡扣、橡胶件等零部件的图形要接近原物的外形，特别是定位结构、安装方式必须用视图表示出来。卡扣、扎带及附件有安装视图要求的，则在图纸的恰当位置表示出视图要求，如图 3-1 所示。

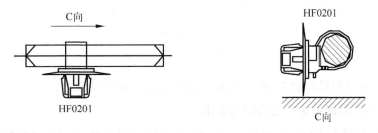

图 3-1　电线束产品部件的画法示例

5. 电线束产品图纸中护套的画法

普通护套中的孔位大小采用 8×10、10×10、10×12 的形式，混合型和圆形护套按照真实外形绘制，必要时应采用多种视图方法。护套附近标注孔位号，文字使用 HZTXT 的 1.0 字体。孔位号原则上按照护套上实际打印号码。如顾客图纸中指定孔位号编写顺序，则按照顾客指定孔位号顺序执行。如顾客未指定，且护套上无打印号码，则按照以下编号原则编制孔位号。

（1）插头护套，在自锁向上的情况下，孔位号编号应从右到左，从上到下，如图 3-2 所示。

（2）插座护套，在自锁向上的情况下，孔位号编号应从左到右，从上到下，如图 3-3 所示。

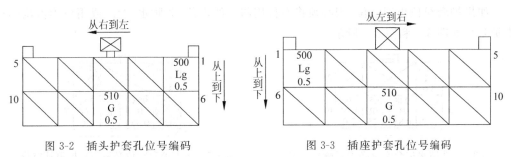

图 3-2　插头护套孔位号编码　　　　图 3-3　插座护套孔位号编码

（3）如顾客未指定，圆形护套孔位号编码规则（顺延编码）如图3-4所示。

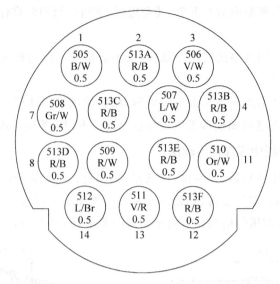

图3-4 圆形护套孔位号编码

（4）护套视图如横向放置，则自锁向上；竖向放置，则自锁向左。

6. 电线束产品图纸中护套内填写要求

护套内从上到下依次填写线号、颜色、截面，文字必须居中，混合型和圆形护套以及复杂多孔的护套可以确定孔位后，旁边加说明框。字体选用HZTXT的2.0大小。说明框样式（行距为6mm，列宽为12mm）如表3-1所示。

表3-1 说明框样式

孔位	线号	颜色	截面

7. 电线束产品图纸中护套外填写要求

护套附近标注护套功能、型号、自锁、所配端子、防水栓、盲栓、适配卡扣等，文字使用HZTXT的3.5字体，字母和数字使用HZTXT的2.5字体。

8. 护套内空位画法

如果护套线位出现空位，则必须将空位用斜画线占位（非防水护套）或用盲栓占位（防水护套），如图3-5和图3-6所示。

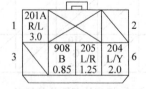 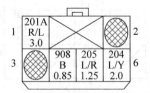

图3-5 非防水护套空位必须斜画线占位　　图3-6 防水护套空位必须用盲栓填补空位

9. 技术要求填写要求

技术要求采用 HZTXT 的 3.0 字体,技术要求内容必须齐全,应包括以下内容。

(1) 护套识别方向(整车电线束图的护套识别方向必须相同),插入视图方向图例。如有特殊情况,则在护套旁注释说明。

(2) 特殊特性,如 ▷ 导通率 100%(如客户有其他的标识,则在图纸上必须体现)。

(3) 材料规范。

(4) 电线束产品技术标准,如 QC/T 29106。

(5) 尺寸基准和尺寸公差。

(6) 如有特殊要求,标注包扎材料的处理方式。

(7) 图纸中的其他特殊要求。

10. 卡点的表示

如有特殊要求时,电线束图纸中的卡点要在装配图中标出具体位置,卡点用"※线号"表示。

11. 护套配二极管的画法

护套配二极管必须标注电流方向,如图 3-7 所示。

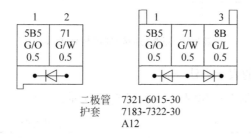

图 3-7 护套配二极管画法

12. 紧固力矩的表示方法

凡有紧固力矩要求的,则必须在产品图纸上体现,如图 3-8 所示。

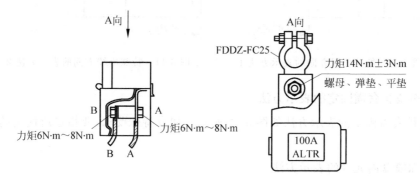

图 3-8 紧固力矩的表示方法

13. 短路器的标注

短路(连接)器必须标注连接方法,如图 3-9 所示。

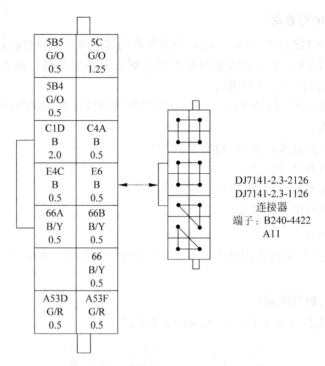

图 3-9 短路（连接）器的标注方法

14. 特殊出线方向的表示方法

特殊出线方向的表示方法如图 3-10 和图 3-11 所示。

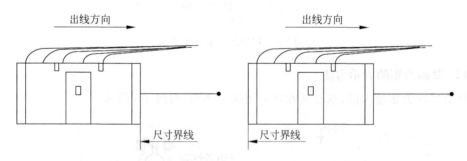

图 3-10　特殊出线方向的表示方法 1　　　图 3-11　特殊出线方向的表示方法 2

15. 分支护套需固定的表示方法

分支护套需固定的表示方法如图 3-12 所示。如有特殊要求，要指定所使用的固定胶带的材料。

16. 保险盒内元件的表示方法

电线束产品图中，在保险盒内继电器型号用引出线引出或用字母代号表示，保险片直接标注在安装位置，如图 3-13 所示。电路中用粗实线（0.5mm）表示铜条连接（连接点用 ϕ2mm 实心圆表示）。

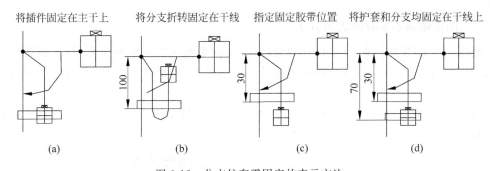

图 3-12 分支护套需固定的表示方法

备注：示意护套为该护套缩小为原来的1/2或1/3，且并不改变原护套视图方向。

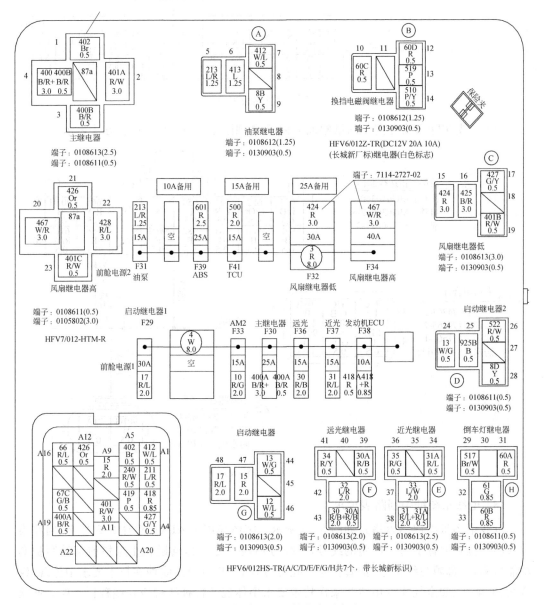

图 3-13 保险盒内元件的表示方法

17. 图纸幅面不足时的表示方法

电线束产品图纸中某一区域因图纸幅面不足而不能表达出所有要素时,该部位所要体现的内容可以转移到其他区域,并用符号表示承接关系,如图 3-14 所示,或者用图 3-15 所示方法表示。

(1) 主干、分支等用打断号打断,并标注打断序号,打断号两边为同一序号,以表示两部位相连接,如图 3-14 所示。

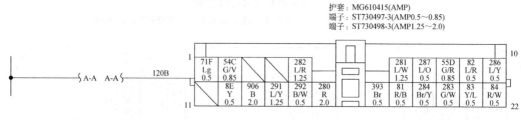

图 3-14 部件断裂表示

(2) 分支实际出线方向与图纸幅面方向反向,则用图 3-15 所示示意方法表示。

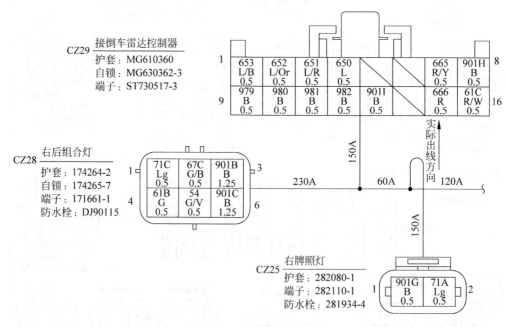

图 3-15 示意方法表示

18. 电线束图纸中回路表要求

电线束图纸中回路表格式如图 3-16 所示。字体采用 HZTXT 字体 2.5 号字,回路表中"线号"位置要标明每一回路的线号,且线号不能重复。起点栏和止点栏前部填写护套功能名称,后部填写线位号(护套代号+孔位号,如 YT3-12)。线种在技术要求中体现,绞合线、屏蔽线、安全气囊专用线等未在技术要求中体现的特种线种应在线种栏注明。回路表外边框线条粗细同图框。

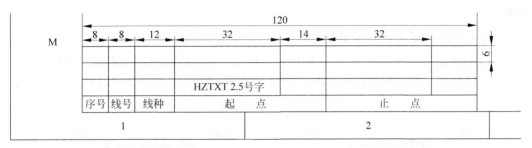

图 3-16 回路表

19. 电线束图中电线束更改栏格式

更改栏外边框线条粗细同图框,如图 3-17 所示。

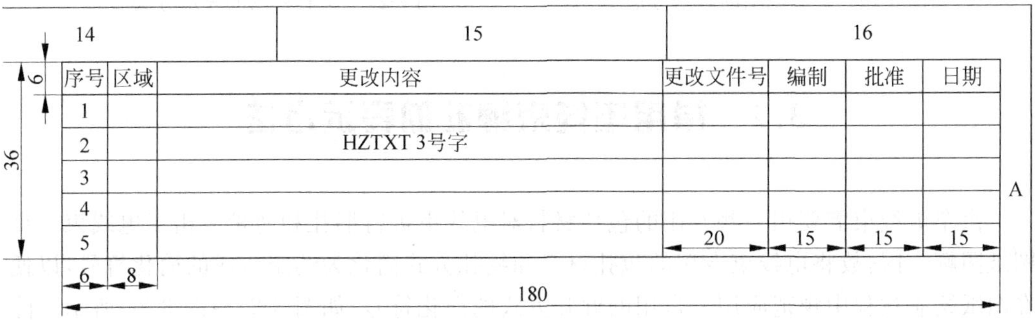

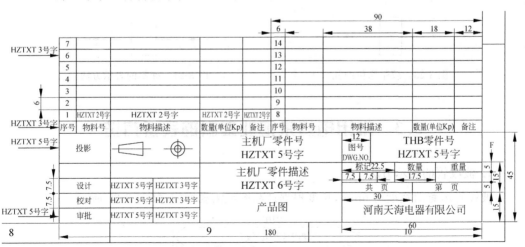

图 3-17 电线束更改栏格式

20. 电线束图中标题栏和 BOM 栏要求

电线束图中标题栏和 BOM 栏规格及尺寸如图 3-18 所示,未标注字体及大小均采用 HZTXT 的 2 号字。材料明细栏(BOM 栏)所填写的物料种类为护套及护套分成、扎带、

图 3-18 电线束图中标题栏和 BOM 栏

卡扣、管夹、盲栓、保险片、继电器、电子元器件、塑料支架、海绵胶带以及附件等计数型物料。

21. 电线束图纸中护套视图的表示方法

护套视图的表示方法如图 3-19 和图 3-20 所示。某些特殊护套需按照护套上的孔位号穿线，如安全气囊 ECU 护套、ABS-ECU 护套等，则不适用图 3-19、图 3-20 所示示意图。

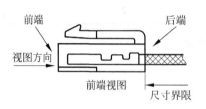

图 3-19　护套视图的表示方法 1

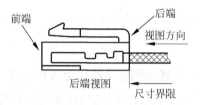

图 3-20　护套视图的表示方法 2

3.2　常用电线束缠扎的表示方法

汽车电线束需要用一些专用的包扎材料对电线束进行捆扎和防护。由于电线束二维图纸图幅有限，故将电线束专用的包扎材料和缠扎方式简化为约定俗成的简化符号，以便在图纸绘制过程中规范应用。常用的缠扎方式的简化符号，如图 3-21～图 3-24 所示。除宽为 19mm PVC 黑胶带外，其他缠扎材料用文字标注。

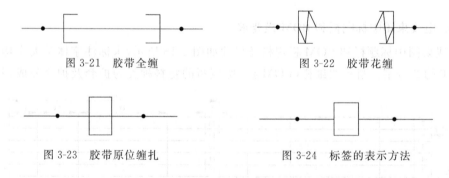

图 3-21　胶带全缠　　　　　图 3-22　胶带花缠

图 3-23　胶带原位缠扎　　　图 3-24　标签的表示方法

3.3　常用电线束缠扎材料的表示方法

1. 波纹管的表示方法

波纹管示意图宽度为 6mm，长度根据产品图纸需要而定，如图 3-25 所示。

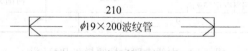

图 3-25　波纹管的表示方法

2. PVC 管的表示方法

如图 3-26 所示,PVC 管的规格和型号需表现在产品图纸上。未特殊说明,PVC 管均为闭口 PVC 管。PVC 管示意图宽度为 6mm,长度根据产品图纸需要自由掌握。如 PVC 管两端均不固定,则用文字"浮动"表示。

图 3-26　PVC 管的表示方法

3. 海绵胶带的表示方法

如图 3-27 所示,海绵胶带示意图宽度为 6mm,长度根据产品图纸需要自由掌握,其中规格尺寸的表示方式为:长×宽×厚。

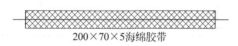

图 3-27　海绵胶带的表示方法

4. 工业塑料布的表示方法

如图 3-28 所示,工业塑料布规格尺寸的表示方式为宽×长。如未特殊说明,工业塑料布的粘贴方式为对贴,若需卷缠,则应注明,如 200×70 工业塑料布(卷缠)。

图 3-28　工业塑料布的表示方法

3.4　电线束产品图纸的基本规定和基本尺寸公差

1. 电线束产品图纸的基本规定

(1) 电线束产品图纸的长度单位均为毫米(mm)。
(2) 测量分支长度时以主干中心为基准。
(3) 测量孔式接头分支的长度到孔中心。
(4) 测量插接件以护套尾部为基准。
(5) 测量橡胶件以夹铁板槽为中心(图纸中用点表示)。
(6) 测量扣钩、扎带、管夹以其中心为基准。

2. 电线束产品图纸基本尺寸公差的规定

(1) 无特殊要求时,紧固件(扎带、卡扣、管夹)与紧固件(扎带、卡扣、管夹)之间尺寸小于 500mm 时,公差为±3mm;大于等于 500mm 时,公差为±5mm。定位以尺寸链带公差的形式表示。

(2) 电线束产品图纸基本尺寸公差表如图 3-29 所示。

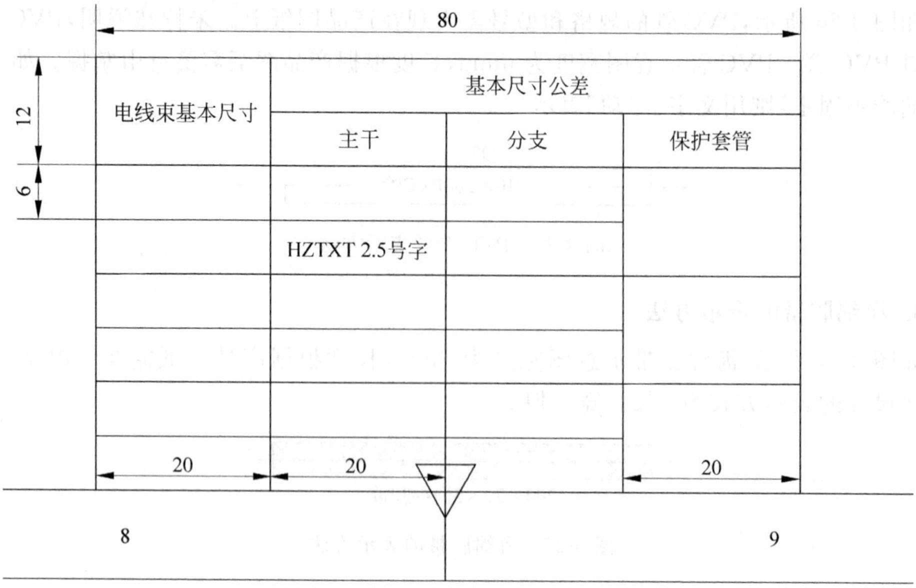

电线束基本尺寸	基本尺寸公差		
	主干	分支	保护套管
	HZTXT 2.5号字		

图 3-29 电线束产品基本尺寸公差表

单元 4

电线束生产工艺流程及技术规范

4.1 电线束生产过程工艺流程

随着汽车工业的快速发展,汽车电线束的发展也有了惊人的改变,不管是从整体的设计安装,还是生产工艺,都日趋先进。汽车电线束的制造由传统的流水线生产逐渐向半自动化和自动化流水线生产转化。目前采用的电线束制造流程如图4-1所示。

在汽车电线束二维产品图纸出来以后,要编排电线束的生产工艺,工艺是服务于生产的,两者密不可分,因此将汽车电线束的生产和工艺两者结合起来一起分析。

电线束生产的第一个工位是开线工艺。开线工艺的准确性直接关系到整个生产进度,一旦出现错误,特别是开线尺寸偏短,会导致所有工位的返工,费时、费力,还影响生产效率,所以在编制开线工艺时,一定要根据图纸的要求合理确定导线的开线尺寸、剥头尺寸。

开线之后的第二个工位是压接工艺,根据图纸要求的端子类型确定压接参数,制作压接操作说明书,对于有特殊要求的需要在工艺文件上注明并培训操作工。如有的导线需要先穿过护套后才可压接,需要先预装导线,然后从预装工位返回再压接。

接着就是预装工艺,首先要编制预装工艺操作说明书。为了提高总装效率,复杂的电线束都要设置预装工位,预装工艺的合理与否直接影响到总装配的效率,也反映出工艺人员技术水平的高低。如果预装部分装配得偏少或者装配的导线路径不合理,会加大总装配人员的工作量,减慢流水线的生产速度。

最后一步是总装工艺。能够根据产品开发部门设计的装配台板,设计工装设备、物料盒规格尺寸并将所有装配护套和附件的编号贴于物料盒上以提高装配效率。编制各个工位装配内容和要求,平衡整个总装工位,防止出现一点工作量过大,拖后整个流水线速度的情况。要做到工位平衡,工艺人员必须对每个操作的要领了然于心并现场测算工时,随时调整装配工艺。

图 4-1 汽车电线束制造流程

此外,电线束工艺还包括编制材料消耗定额明细表、工时测算、工人培训等。总而言之,汽车电线束逐渐成为评价汽车电子技术含量和质量的一项重要指标。汽车厂商对于电线束的选择应该尤为重视,表 4-1 是汽车电线束生产工艺流程。

表 4-1 汽车电线束生产工艺流程

步骤	制造	移动	库存	检验	操作描述	反应计划
1			✓		接收原材料	
2				✓	检验原材料	拒收/退货
3			✓		原材料入库	
4		✓			原材料运至车间	
5	✓				下线(辅助作业)	返工/返修/报废
6		✓			移动	
7	✓				压接	返工/返修报废
8		✓			移动	
9	✓				合线	返工/返修报废
10		✓			移动	返工/返修报废
11	✓				预装配	

续表

步骤	制造	移动	库存	检验	操作描述	反应计划
12		✓			移动	
13	✓				总装配	返工/返修
14		✓			移动	
15				✓	最终检验	返工/返修
16	✓				包装	
17		✓			产品运至仓库	
18			✓		储存	
19				✓	发货前产品检验	返工/返修
20		✓			发至客户	

4.2 电线束生产工序流程

1. 电线束下线工序生产流程

电线束下线是指使用设备将线材按照要求裁剪成固定长度、刨头,再将线材检验整理的过程,见表4-2。

表4-2 电线束下线工序生产流程

步 骤	说 明	图 解
备齐材料	准备好相应的线材、设备	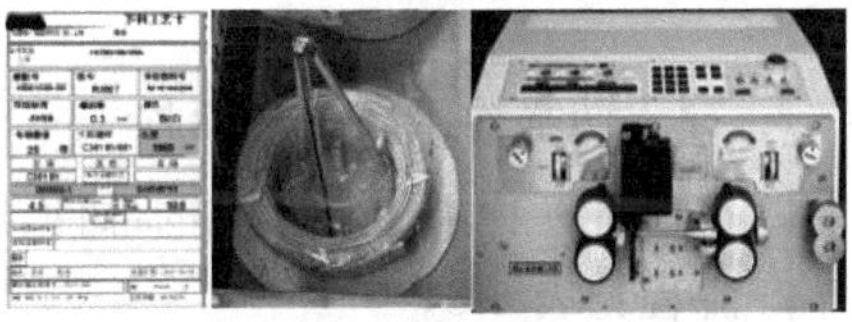
调整设备	按红色按钮开启机器,设置参数完成首件产品	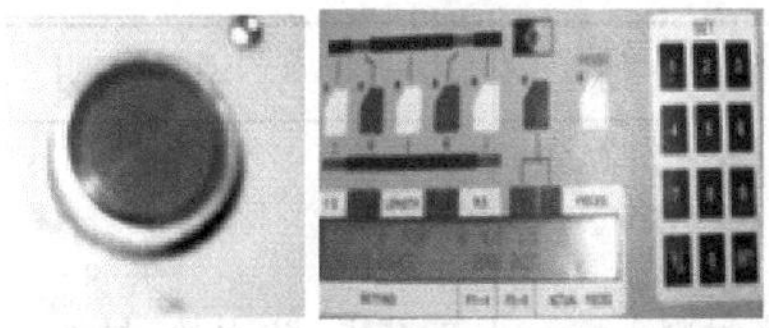
做首件、检验	做首件,检验线长、剥头	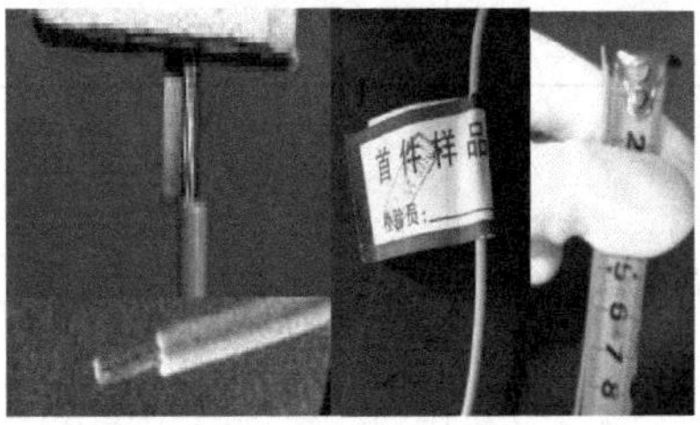

续表

步骤	说明	图解
批量生产（中间、末件检验）	首检合格批量生产，100%自检剥头	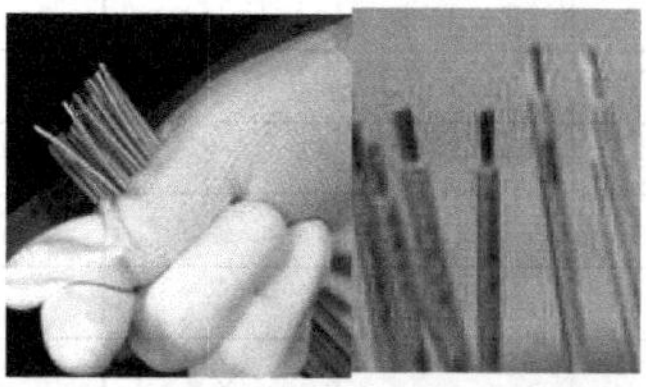
整理导线	距左端120mm处贴标识，两端剥头处自粘膜包裹	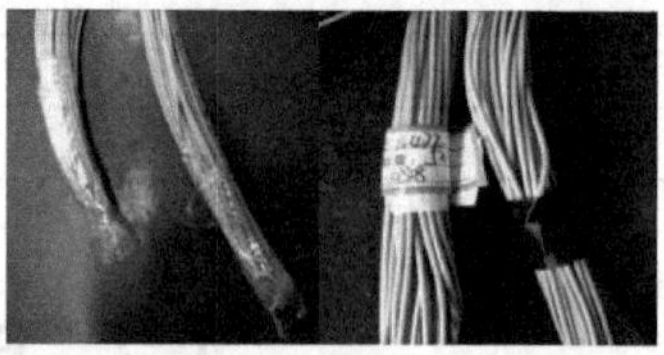
待转入下道工序	将导线左、右两端对齐折叠后的长度小于500mm，中间捆扎	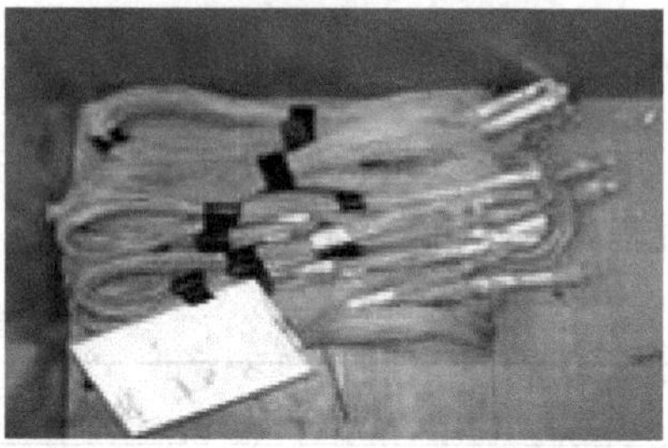

2. 穿入防水栓工序生产流程

防水栓是一种由橡胶制成的部件，在电线束上起密封和保护作用。穿入防水栓的工序生产流程见表4-3。

表4-3 穿入防水栓工序生产流程

步骤	说明	图解
备齐材料	工艺卡、防水栓、导线	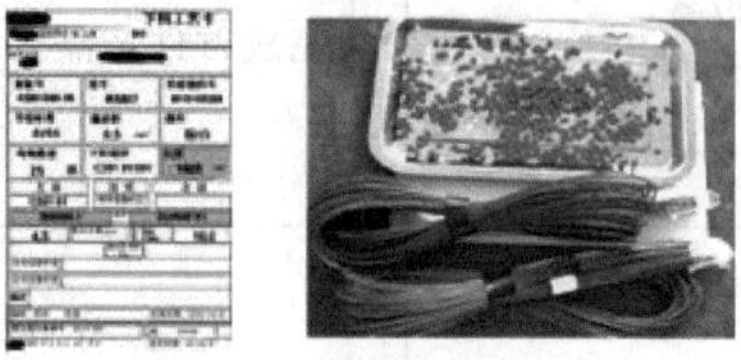
检查整理剥头	去掉自粘膜，检查剥头，将分叉的剥头捋顺	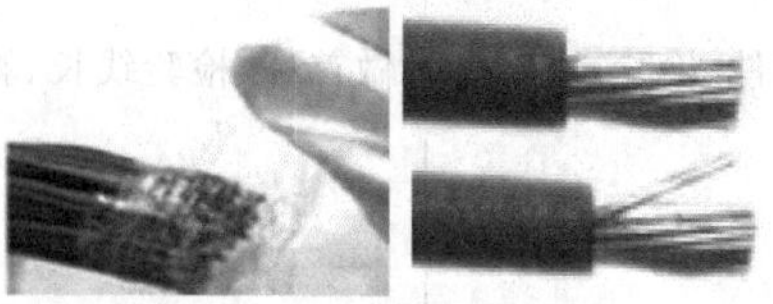

续表

步骤	说明	图解
做首件、检验	穿入防水栓,填写"辅助作业生产状态记录表",首件检验	
批量生产	生产过程100%自检	
待周转	两端用口杯保护,放在周转架上	

3. 压接、打卡工序生产流程

压接、打卡工序生产流程,见表4-4所示。

表4-4 压接、打卡工序生产流程

步骤	说明	图解
备齐材料	打卡线、压接工艺卡、端子、压接机、压接模具工艺卡、原线、下线机	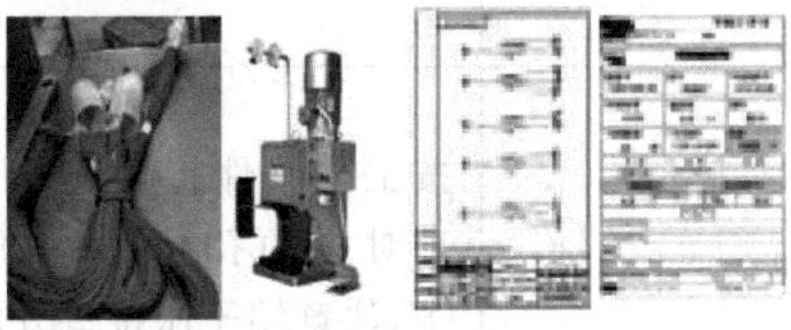
安装模具、调整设备	(1) 安装模具,盘车。 (2) 铜线高度,每刻度为0.03mm。 (3) 微调铜线高度每格加0.02mm。 (4) 皮线高度每格减0.02mm	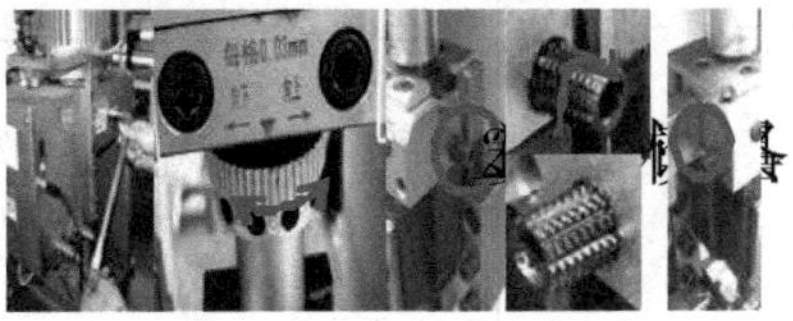

续表

步骤	说明	图解
打开电源、压首件	打开电源,用同平方试验线压首件	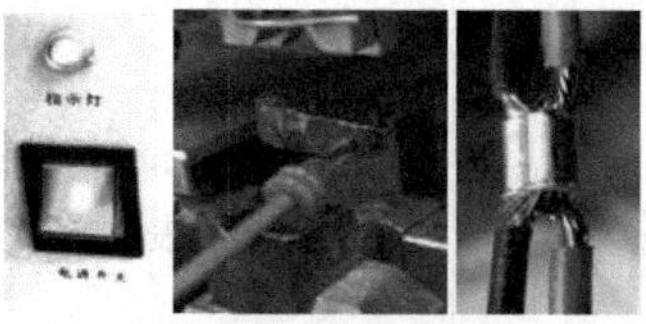
首件检验	用试验线做拉力测试;用千分尺测量压接高度、压接宽度,填写"压接作业半成品生产状态记录表";首件检验	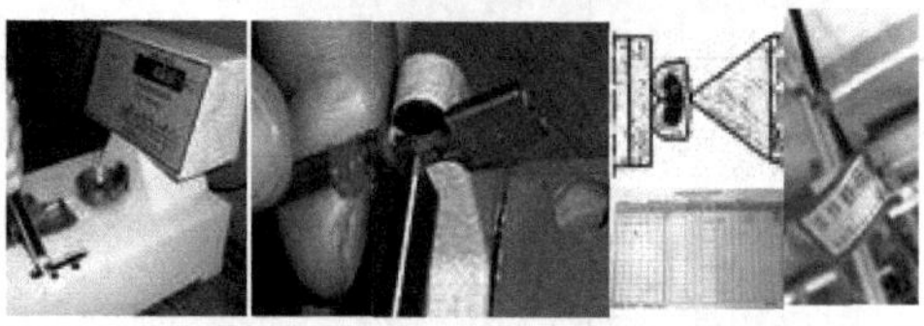
批量生产	检查剥头,将分叉剥头捋顺,100%目测压接质量	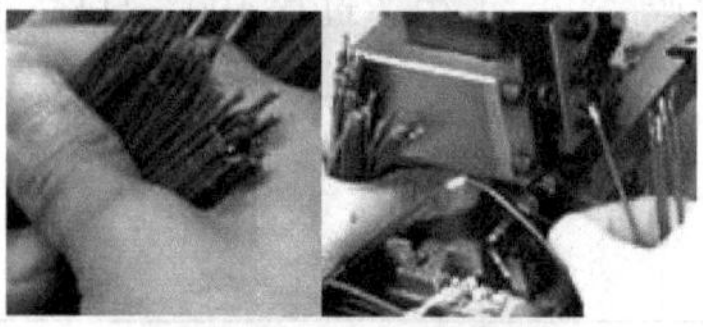
待周转	压接端用口杯保护,放在周转架上,盘绕捆扎	

4. 预装工序生产流程

预装工序生产流程见表4-5。

表4-5 预装工序生产流程

步骤	说明	图解
备齐材料	依据工艺卡备齐材料并校对材料的符合性	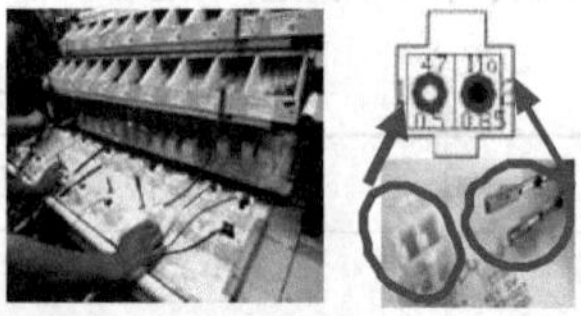
一插二听三回拉	按工艺文件将导线端子插入护套对应的孔位,手不能接触端子,注意端子压接口方向B 听到轻声响,确认端子穿到位且锁紧。将导线轻轻回拉,确定端子安装到位且锁紧	

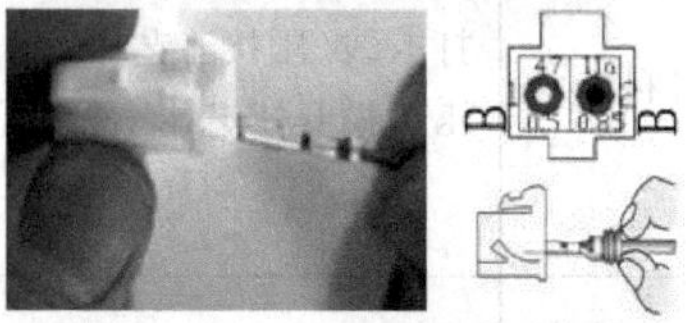

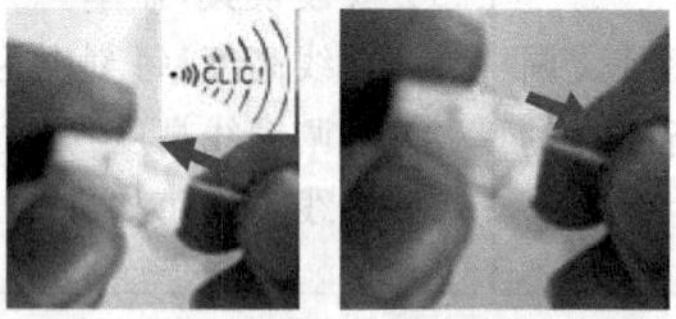

续表

步骤	说明	图解
安装自锁	确认导线全部穿入护套后,将需要安装的自锁放置到位,且锁紧	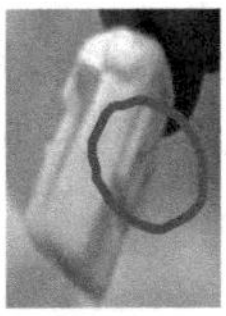 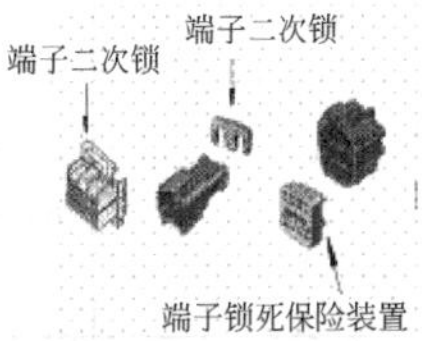
抽盘、待周转	将预装好的线抽盘挂在线架上或放在周转箱内待总装	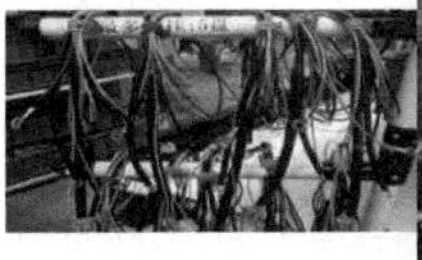 

5. 总装工序生产流程

总装工序生产流程见表4-6。

表4-6　总装工序生产流程

步骤	说明	图解
备齐材料	准备预装的线抽盘和面板	
依据工艺挂线、穿护套	严格按照总装布线板要求将线(预装好的)挂在布线板上,将未穿入护套的端子按工装板要求穿入护套并按自锁	
依据工装板包扎	包扎时应按照先分支后主干,先主干两侧后主干中间位置,先花缠、全缠后包扎PVC管、波纹管、工业塑料布、海绵,最后安装橡胶件、扎带、卡扣顺序进行,保证分支方向正确	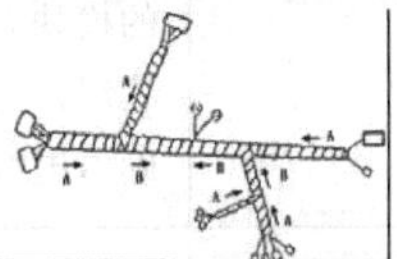 

步骤	说明	图解
分支点包扎	分支交叉缠绕,将各个分支靠近主干交叉在一起来回缠绕至少两次,不得漏线	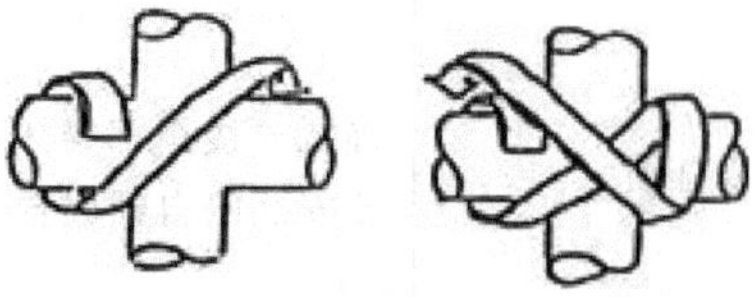
将装配好的线挂在周转车上待周转	将预装好的线抽盘挂在线架上或放在周转箱内待总装。依据工艺卡备齐材料并校对材料的符合性	

6. 电检工序生产流程

电检工序生产流程见表4-7。

表4-7 电检工序生产流程

步骤	说明	图解
备齐材料、点检设备	备齐材料、按设备点检表点检	
调出程序、设置标签参数	启动测试台,调出对应的测试程序,设置标签参数	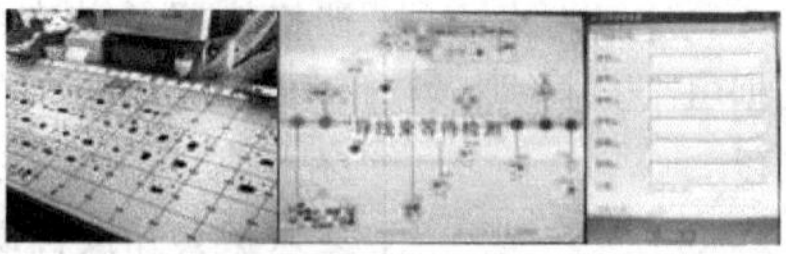
检测	将待测电线束的插接器放入对应的模块,按下测试按钮,查看电检状况。导通正确显示"检测正确",电线束上的插接器自动弹出	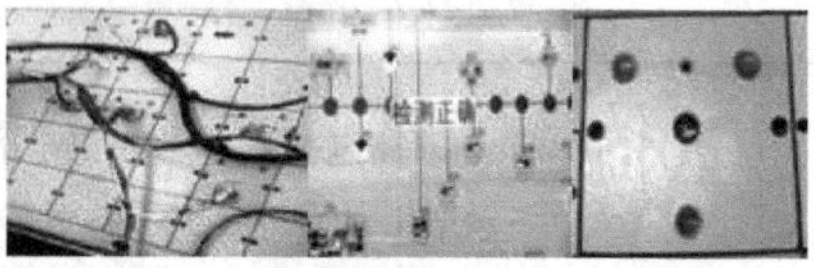
粘贴标签、填写记录	合格标签自动打印出来,在指定位置粘贴标签。填写"检测记录表"	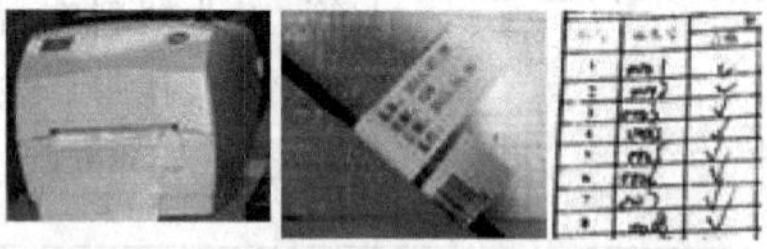

续表

步 骤	说 明	图 解
安装附件	按照图纸安装附件，如继电器、保险片、护壳等。不需要安装附件的忽略此步骤	 
转入下道工序	合格产品放在周转区待转入下道工序	

7. 外检工序生产流程

外检工序生产流程见表4-8。

表 4-8 外检工序生产流程

步 骤	说 明	图 解
备齐材料、外观检验板	—	 
将待检电线束进行检验	将待检电线束在外观检验板上进行尺寸1∶1的比对及外观检查	

续表

步　　骤	说　　明	图　　解
安装护壳支架、回缠分支	安装支架、回缠分支，如不需要安装护壳支架、回缠分支的省略此步。填写"外检记录表"	 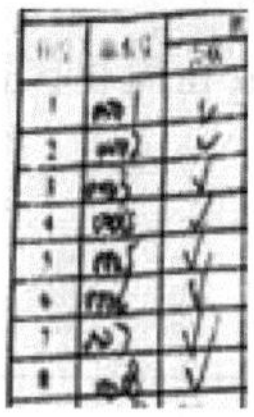
盘绕、装袋	将检验合格的线盘绕、装袋。不用装袋的省略装袋步骤	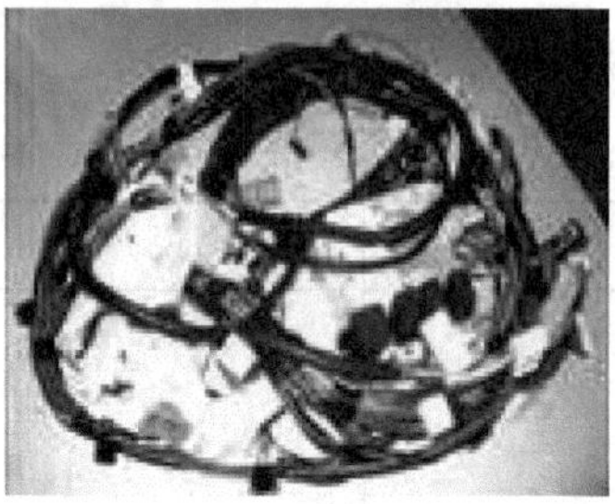
装箱、封箱	按规定数量装箱、封箱	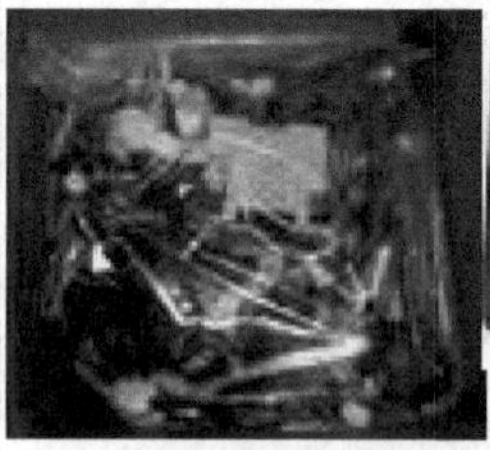 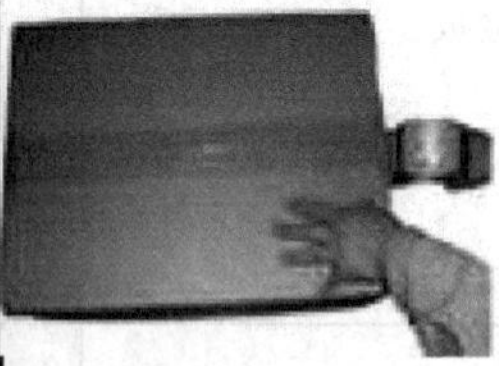
将线放在托盘上，待打包入库	—	

4.3 电线束下线工序技术规范及检查

4.3.1 下线工序术语定义

1. 下线工序

将电线依据工艺文件进行裁切、剥头、捆扎的过程称为下线工序。

2. 下线(下料)

用下线剪剥机和一些辅助手法按工艺文件规定的参数要求将电线制造成符合要求的过程称为下线。

3. 线长

线长是导线在伸直状态下,线芯两端之间的直线距离,如图 4-2 所示。

图 4-2 线长

4. 全剥头(剥头)

全剥头是指电线端部被完全剥掉。剥掉绝缘层后露出导线线芯部分为剥头长度,如图 4-3 所示。

5. 半剥头

下线时导线端部绝缘层被加工后与原来的导线绝缘层分离,但未脱落,称为半剥。一般情况下半剥的长度是剥头长度的 1/3~1/2,如图 4-4 所示。

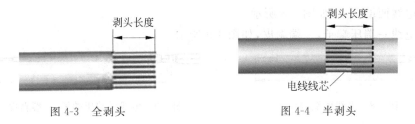

图 4-3 全剥头 　　　图 4-4 半剥头

6. 大剥皮

屏蔽线最外部绝缘层被剥掉的部分称为大剥皮,如图 4-5 所示。

7. 开口

导线中间绝缘皮被剥离部分称为开口,如图 4-6 所示。

图 4-5 大剥皮　　　　　　　图 4-6 开口

4.3.2 一般电线下线(下料)后的技术要求

下线后电线的技术要求如图 4-7 所示,图中指示编号的含义如下。
① 线长符合公差要求。
② 剥头长度符合公差要求。
③ 绝缘皮切面平整。
④ 芯线切面平整,不能切断切伤。
⑤ 线体完好。

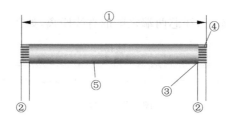

图 4-7 下线技术要求

4.3.3 下线线长的检查

按照工艺卡要求实测线长并判断是否符合要求,如果下线长度比工艺卡要求得短就不能进行装配,使劲拉拽电线容易引起端子脱落;如果下线长度比工艺卡要求得长会影响装配并浪费材料还会增加重量。

下线线长的测量部位,根据电线两端是否压接端子,分以下几种情况。

(1) 电线两端剥皮,如图 4-8 所示。

(2) 电线一端压端子,一端剥皮,如图 4-9 所示。

图 4-8 电线两端剥皮　　　　　　图 4-9 电线一端压端子,一端剥皮

(3) 电线两端压端子,如图 4-10 所示。

图 4-10 导线两端压端子

下线长度的测量方法如图 4-11 所示。一侧剥皮前端与卷尺剥皮前端对齐,另一侧剥皮前端与卷尺对齐处读卷尺刻度。读取时,眼睛要与卷尺成直角。

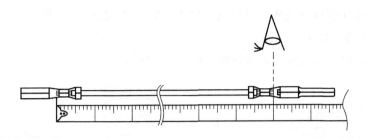

图 4-11　下线长度的测量方法

4.3.4　下线剥头的检查

（1）下线剥头的测量部位如图 4-12 所示。

（2）测量方法如图 4-13 所示。将游标卡尺的深度尺顶齐绝缘体部，将剥头前端与游标卡尺主尺端部对齐，读取数据比较制造指示书的剥皮长与实测长，并判断是否相符。

图 4-12　下线剥头长度

图 4-13　剥头的测量

4.3.5　下线后的电线不允许出现以下不良现象

（1）刀具设定过深造成的线芯被切伤，如图 4-14 所示。

（2）刀具损伤造成的线芯端部被斜切，如图 4-15 所示。

图 4-14　线芯被切伤　　　　　图 4-15　线芯被斜切

（3）刀具损伤造成的线芯长短不一，一根或几根探出，如图 4-16 所示。

（4）刀具设定深度不够或刀具损伤造成的电线绝缘层端部不整齐，如图 4-17 所示。

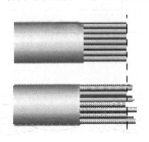

图 4-16　线芯长短不一

图 4-17　电线绝缘层端部不齐

(5) 刀架或导管偏斜造成的导线绝缘层端部被斜切,如图 4-18 所示。

(6) 线芯松散,如图 4-19 所示。

(7) 刀具设定过深造成线芯被切断,如图 4-20 所示。

图 4-18 电线绝缘层端部被斜切　　图 4-19 线芯松散　　图 4-20 线芯被切断

(8) 线体损伤,如图 4-21 所示。

图 4-21 线体损伤

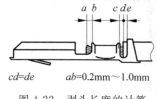

$cd=de$　　$ab=0.2mm\sim1.0mm$

图 4-22 剥头长度的计算

4.3.6 剥头长度的计算

剥头长度 $=ab+bc+cd$,如图 4-22 所示。

无特殊规定时,电线剥头长度的公差应符合 $-0.15mm\sim+0.3mm$ 要求。对于特殊类型的端子,为了保证压接出头长度,剥头公差应根据实际情况来制定。测量剥头长度应使用游标卡尺。

4.3.7 下线长度公差

下线长度公差范围应符合表 4-9 的要求。

表 4-9 下线长度公差

序号	电线长度范围/mm	公差/mm
1	$L<500$	$0\sim3$
2	$500\leq L<2000$	$0\sim5$
3	$2000\leq L\leq4000$	$0\sim10$
4	$L>4000$	$0\sim15$

4.3.8 特殊线下线要求

1. 绞距拆开距离

无特殊规定时,双绞线两端绞距拆开的最大距离应小于等于 80mm,如图 4-23 所示。

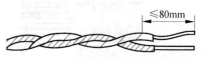

图 4-23 双绞线拆开的最大距离

2. 屏蔽线的加工方法

（1）屏蔽网屏蔽线的加工方法。

将屏蔽线的最外层绝缘皮剥离，然后将内芯电线全部从根部用工具挑出。内芯电线使用专用工具剥头。一般情况下需要压接时，铜网拉脱力依据 $0.5mm^2$ 线径标准，如图 4-24 所示。

（2）铝箔屏蔽线的加工方法。首先，将屏蔽线大剥皮剥离，然后将铝箔剪掉，内芯电线使用专用工具剥头，如图 4-25 所示。

图 4-24 屏蔽网屏蔽线的加工方法

图 4-25 铝箔屏蔽线的加工方法

4.3.9 无特殊要求时电线的捆扎数量及捆扎方式

无特殊要求时电线的捆扎数量及捆扎方式应符合表 4-10 要求。

表 4-10 导线的捆扎数量及捆扎方式要求

序号	分类	线长要求	线径要求	捆扎数量标准
1	直根线（无合线作业）	线长≥4m	无要求	25 根/捆
2	直根线（无合线作业）	无要求	线径≥2.5mm²	25 根/捆
3	直根线（无合线作业）	线长＜4m	线径≤2.5mm²	50 根/捆
4	绞和线（无合线作业）	线长≥2m	无要求	25 根/捆
5	绞和线（无合线作业）	线长＜2m	无要求	50 根/捆
6	屏蔽线	无要求	无要求	25 根/捆
7	有合线作业的线（共压/开口/打卡）	无要求	线径＜8.0mm²	25 根/捆
8	电瓶线	线长＞300mm	线径≥8.0mm²	10 根/捆
9	电瓶线	线长≤300mm	线径≥8.0mm²	不捆扎
10	特殊要求线			根据需要定制

4.3.10 电线捆扎位置、标识及其他要求

1. 下线后捆扎要求

无特殊要求时，300mm 以上电线距离左端部 120mm±10mm 捆扎标记为 19×20 的普通白色 PVC 胶带，如图 4-26 所示；300mm 以下的导线，在距电线右端 100mm 以内处用黑胶带缠扎 2～3 层，如图 4-27 所示。

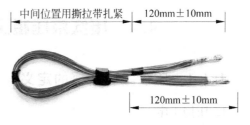

图 4-26 300mm 以上导线捆扎要求

图 4-27　300mm 以下导线捆扎要求

2. 捆扎力度的衡量标准

电线捆扎后在自然条件下导线之间不能有明显位移。

3. 捆扎的外形规格要求

捆扎后的外形规格应不影响放入电线缓存区,一般情况下立体挂线架小于等于 500mm,如图 4-28 所示。

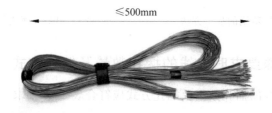

图 4-28　电线捆扎要求

4. 下线后电线剥头的防护

下线后电线剥头用自粘膜缠紧,以防铜丝氧化、线头弯曲、松散,如图 4-29 所示。

5. 穿防水栓要求

穿防水栓(无特殊要求)时,皮线穿过防水栓端部径向可见且小于等于 1mm,如图 4-30 所示。

图 4-29　下线后电线剥头的防护　　图 4-30　穿防水栓要求

4.4　电线束压接工序技术规范及检查

4.4.1　压接工序术语的定义

1. 压接工序

将电线和端子作用在一起的工艺过程称为压接工序。

2. 电线单压

通过压接将单根电线与端子作用在一起的过程称为电线单压,如图4-31所示。

3. 电线共压

通过压接将两根或两根以上电线与端子作用在一起的过程称为电线共压(合并压接),如图4-32所示。

图4-31 电线单压

4. 电线打卡(接点压接、合线)

通过U型端子将两根或两根以上导线作用在一起的过程称为电线打卡(合线),如图4-33所示。

图4-32 电线共压

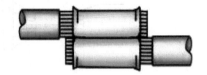

图4-33 电线打卡

5. 返冲

装配后再压接的过程称为返冲。

4.4.2 压接工序工艺文件中的技术参数及要求

1. 一般压接后技术要求(无特殊规定)

一般压接后技术要求(无特殊规定)如图4-34所示,具体内容如下。

(1) 端子压接后的线芯出头长度最佳状态 ab 为 $0.2mm \sim 1.0mm$。

(2) 前料带切断长度为 $0 \sim 0.3mm$。

(3) 后料带切断长度为 $0 \sim 0.5mm$。

(4) 前后 R 角的半径为 $0.4mm \sim 1.0mm$,或至少有一个后 R 角半径为 $0.4mm \sim 0.6mm$。

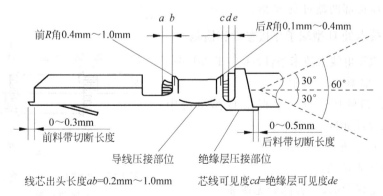

图4-34 导线压接技术要求

(5) 压接高度和宽度的符合工艺要求。

(6) 拉脱力符合工艺要求。

(7) 压接类型符合工艺要求。

(8) 绝缘层压接部位经不少于 3 个循环的弯折试验后,线皮的最佳状态是 $cd=de, ce$ 间仍可见绝缘层。

2. 绝缘压接区及防水栓部位的压接和检测

绝缘压接区及防水栓部位的压接要求和检测应符合《汽车电线束技术条件》(QC/T 29106—2014)的要求,如图 4-35 和图 4-36 所示。

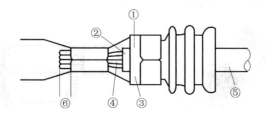

图 4-35　绝缘压接区及防水栓部位的压接和检测要求

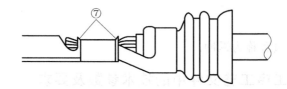

图 4-36　导体压接部两端 R 角

① 防水栓完好无损。

② 最佳状态为线皮可见,至少线皮和防水栓边缘平齐。

③ 防水栓可见。

④ 线芯可见。

⑤ 防水栓经过至少 3 个弯折循环后未脱出。

⑥ 线芯出头的范围是 0.2mm~1.0mm。

⑦ 导体压接部两端可见 R 角。

3. 电线接点处 U 型端子压接参数和检测

应符合《汽车电线束技术条件》(QC/T 29106—2014)的要求,如图 4-37 所示。

压接时钳口的压接点应垂直在 U 型卡的中间,且剥皮长度应相同,位置对正。

① 线芯可见,最大为 3mm。

② 两端可见 R 角。

③ 线芯完好无损,压着部分无遗漏。

④ 线芯可见,最小为 1mm,最大为 5mm。

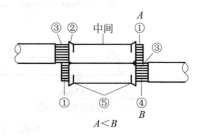

图 4-37　电线接点处 U 型端子压接参数和检测

⑤ R 角的范围为 $0.1mm\sim 0.4mm$。

4. 端子与电线导体压接处和压接接点处横断面的要求

(1) 如图 4-38 所示,导体中所有单线的断面应呈不规则多边形,端子压接部位应包住全部导体。端子压接的卷曲部分 a、b 必须相接,支撑角度最大不应超过 $30°$,且 a、b 末端距离不大于端子压接部位的材料厚度 S 的 0.75 倍,材料厚度 S 取端子图纸规定值或符合图纸要求的标准样件测量值。

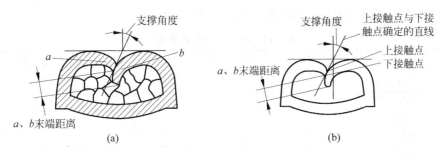

图 4-38 横截面要求

(2) 如图 4-39 所示,端子压接卷曲部分的 a、b 端部不能触到端子内壁,距底部 c 的距离 d 不小于端子压接部位材料厚度 S 的 0.5 倍,材料厚度 S 取端子图纸规定值或符合图纸要求的标准样件测量值。

(3) 如图 4-40 所示,横断面底部两侧的毛刺高 e 应不超过端子材料的厚度 S,毛刺宽度 f 应不超过端子材料厚度 S 的 0.5 倍,材料厚度 S 取端子图纸规定值或符合图纸要求的标准样件测量值。横断面上端子压接部位不应出现裂纹 h。

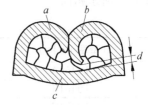

图 4-39 端子压接测量

(4) 如图 4-41 所示,端子压接后底板厚度 g 不应小于端子材料厚度 S 的 0.5 倍,材料厚度 S 取端子图纸规定值或符合图纸要求的标准样件测量值。

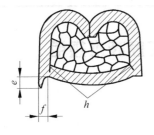

图 4-40 端子横截面测量

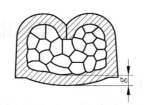

图 4-41 端子底板厚度测量

5. 卡点处的绝缘密封处理应符合的要求

(1) 用 PVC 胶带处理 U 型端子压接的接点时,处理方式及其检测依据应符合表 4-11 要求,胶带的宽为 40mm,厚为 0.2mm。胶带缠扎时覆盖接点两侧导线绝缘层的长度不小于 10mm,且线芯不得刺穿胶带,如图 4-42 所示。

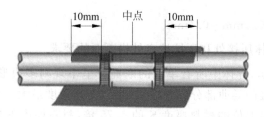

图 4-42　卡点处的 PVC 胶带密封处理

(2) 用 PVC 胶带缠扎时层数应符合表 4-11 的要求。

表 4-11　PVC 胶带缠扎要求

U 型端子(卡点)	压接范围/mm	包扎胶带层数
DJ454A	1.0～2.5	5
DJ454B	2.5～4.0	6
DJ454C	4.0～6.0	7
DJ459	6.0～11.0	8
DJ460	11.0～16.0	9
DJ4511	16.0～20.0	9

(3) 4651 包口胶带处理 U 型卡压接的接点时,处理方式及其检测依据应符合表 4-12 的要求,胶带覆盖接点两侧导线绝缘层的长度不小于 10mm,且线芯不得刺穿胶带,与图 4-42 所示相同。

表 4-12　4651 包口胶带缠扎要求

U 型端子(卡点)	压接范围/mm	包扎胶带层数
DJ454A	1.0～2.5	2
DJ454B	2.5～4.0	2
DJ454C	4.0～6.0	2
DJ459	6.0～11.0	3
DJ460	11.0～16.0	3
DJ4511	16.0～20.0	4

4.5　电线束装配工序技术规范

1. 装配工序

装配工序包括预装配工序和总装配工序。

2. 预装配(分装)

预装配是将下线或压接后的半成品同护套、管类、橡胶件等零部件组装成新的半成品的过程。

3. 总装配

总装配是将下线或压接后的半成品、预装后的半成品同其他材料组合成电线束成品的过程。

4. 抽盘

抽盘是将一条或多条电线按照一定的方向盘绕成直径大约 200mm 圆盘的过程,如图 4-43 所示。

5. 拉力不齐

多条电线装配时,其中部分电线没有整齐地装配在同一个护套中会造成拉力不齐,如图 4-44 所示。

图 4-43 抽盘

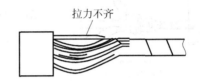

图 4-44 多条电线拉力不齐

6. 单条受力

单条受力电线是在多条电线中明显受力最大且最短的电线,如图 4-45 所示。

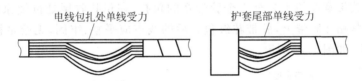

图 4-45 多条电线中单条受力

7. 护套装配的一插二听三回拉

护套装配要遵循一插二听三回拉的原则,如图 4-46 所示。

 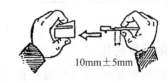

(a) 左手拿护套,右手拿电线　　(b) 手持电线距端子尾部10mm±5mm处轴向插入

 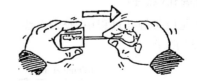

(c) 插入后听见"喀嚓"一声　　(d) 向后拉不下来,即为合格

图 4-46 一插二听三回拉

8. 装配防水栓端子

防水栓端子的装配方法是手持电线距离端子尾部约 10mm±5mm 处插入护套,如图 4-47 所示。

9. 胶带全缠包扎(半叠包扎)

在包扎起始处,原位包扎 2~3 层后将胶带倾斜适当角度做全缠包扎。胶带全缠包扎需要将胶带叠压宽度的 1/3~1/2,无特殊要求时,一般选择 19mm×20mm PVC 黑胶带进行包扎,在包扎收尾处做点缠包扎 2~3 层。胶带半叠包扎后的线束应平整,无导线外露、开口、疏密不均、反胶等缺陷,包扎后如图 4-48 所示。

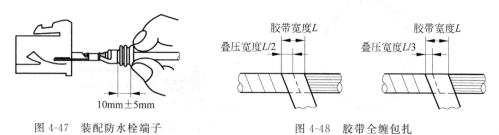

图 4-47　装配防水栓端子　　　　图 4-48　胶带全缠包扎

10. 胶带花缠包扎

在包扎起始处,做原位包扎 2~3 层后将胶带倾斜适当角度做花缠包扎,胶带花缠包扎间隔距离为胶带宽度的 1/2 至 1 个胶带宽的包扎,在包扎收尾处再做原位包扎 2~3 层。将胶带头紧贴在胶带上,胶带花缠包扎后的线束应平整、牢固,无胶带褶皱、疏密不均、反胶等缺陷,如图 4-49 所示。

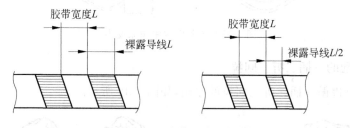

图 4-49　胶带花缠包扎

11. 胶带间隔缠绕包扎

用胶带进行间隔缠绕时,在原位做停止包扎 2~3 层,选择的胶带和间隔距离根据产品特性或产品要求来确定,一般间隔缠绕的间隔距离为 100mm~150mm,如图 4-50 所示。

12. 原位缠扎(点缠)

原位缠扎是胶带缠扎过程中,胶带在线束径向方向缠绕而未在轴向方向延伸的缠扎方式,如图 4-51 所示。

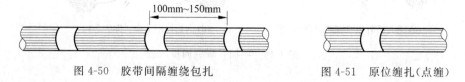

图 4-50　胶带间隔缠绕包扎　　　　图 4-51　原位缠扎(点缠)

13. 海绵胶带包扎

（1）对粘包扎：将海绵胶带按电线束长度方向包裹后将海绵胶带宽度两边对齐后粘贴的包扎方式，如图4-52所示。

（2）卷缠包扎：海绵胶带包扎采用卷缠方式，即用海绵胶带按电线束长度方向卷缠包裹的包扎方式，如图4-53所示。

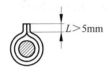

图4-52 海绵胶带对粘包扎　　　　图4-53 海绵胶带卷缠包扎

（3）海绵胶带包扎完成后，用19mm宽黑色PVC胶带分别在海绵胶带两端缠绕2～3层固定，海绵胶带包扎后缠扎要求见表4-13。

表4-13 海绵胶带包扎后缠扎要求

间 隔 长 度	缠 扎 要 求
海绵胶带中间间隔长度 $L \leqslant 200mm$	中间不用缠扎
海绵胶带中间间隔长度 $200mm < L \leqslant 300mm$	中间用胶带固定一处缠扎2～3层
海绵胶带中间间隔长度 $300mm < L \leqslant 500mm$	用胶带均匀固定两处缠扎2～3层
海绵胶带中间间隔长度 $L > 500mm$	每隔150mm～200mm用胶带均匀缠扎固定2～3层

（4）护套上海绵包扎采用卷缠包扎，护套上海绵胶带粘贴时距护套对插端边缘为0～2mm，如图4-54所示。护套自锁位置处海绵不要粘贴过牢，以免影响对插，海绵胶带接口处需对齐或叠压，不允许有缝隙。

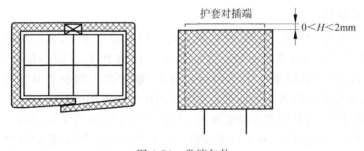

图4-54 卷缠包扎

14. 工业塑料布包扎

（1）工业塑料布对粘包扎，如图4-55所示。

① 将工业塑料布按电线束轴向方向包裹后将工业塑料布宽度两边对齐后粘贴。

② 工业塑料布对粘包扎时，对粘长度 $L > 15mm$。

（2）工业塑料布卷缠包扎，如图4-56所示。

① 工业塑料布包扎采用卷缠方式，即用工业塑料布按线束长度方向卷缠包裹。

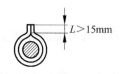

图 4-55　工业塑料布对粘包扎　　　图 4-56　工业塑料布卷缠包扎

② 如采用卷缠包扎,需在包扎处增加卷缠工业塑料布包扎示意图或在工业塑料布描述后增加卷缠。

(3) 工业塑料布卷缠包扎时,重叠长度 $L>15mm$。

(4) 工业塑料布的固定见表 4-14。

表 4-14　工业塑料布固定要求

间 隔 长 度	固 定 要 求
工业塑料布中间间隔长度 $L\leqslant 100mm$	中间不用缠扎
工业塑料布中间间隔长度 $100mm<L\leqslant 200mm$	中间用胶带固定一处缠扎 2～3 层
工业塑料布中间间隔长度 $200mm<L\leqslant 300mm$	用胶带均匀固定二处缠扎 2～3 层
工业塑料布中间间隔长度 $300mm<L\leqslant 500mm$	用胶带均匀固定三处缠扎 2～3 层
工业塑料布中间间隔长度 $L>500mm$	每隔 150mm～200mm 用胶带均匀缠扎固定 2～3 层

15. 波纹管包扎

先在包扎起始处做原位包扎 2～3 层后,在起始端套上波纹管,在波纹管外原位包扎 2～3 层,然后再套上波纹管,最后在包扎收尾处用胶带做原位包扎 2～3 层。波纹管内导线不准用胶带全缠,波纹管长度大于 200mm 时,内部导线间隔缠扎或花缠,间隔缠扎的间距为 100mm～150mm,花缠时中间胶带间隔距离不得小于 80mm。无特殊要求,波纹管外用 PVC 胶带间隔包扎。

16. PVC 管包扎

(1) 闭口 PVC 管包扎时,先将 PVC 管固定在电线束主干上,用胶带原位包扎 2～3 层。若需套 PVC 管的分支从主干的一边分出,则直接将 PVC 管固定在电线束主干上即可。若需套 PVC 管的电线束从主干的两边分出,则用剪刀将胶管从主干一端长出的 20mm 剖开后,固定在电线束主干即可。主干不用压管的不用剪开。

(2) 若电线束上 PVC 管需浮动装配时,两端均不固定,如图 4-57 所示。

(3) 开口 PVC 管包扎时,对于需剖开包扎在电线束上的 PVC 管的固定,先用黑胶带在电线束上缠扎 2～3 层后将开口 PVC 管安装在电线束上,再将 PVC 管的外面用胶带全缠包扎,在收尾处做点缠包扎 2～3 层,如图 4-58 所示。

 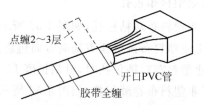

图 4-57　PVC 浮动管装配　　　图 4-58　固定包扎在电线束上的 PVC 管

(4) 包扎后的电线束应平整、牢固,无导线外露、反胶等不良现象。

17. 扎带的安装固定

无特殊要求时,将扎带扎紧后,将其多余部分距扎带根部 5mm±1mm 处剪掉。扎带安装后轴向可以转动,不能移动,剪切口应平齐,不能有斜切口等不良现象,如图 4-59 所示。

18. 卡扣的安装

无特殊要求时,在绑扎处用宽 19mm 绝缘胶带在电线束上缠 2~3 层,按图 4-60 所示位置将卡扣放在指定位置左端用胶带缠 4 层,右端用胶带缠 4 层,且挂台下不允许缠扎胶带。

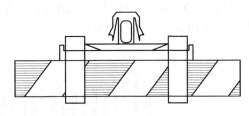

图 4-59 扎带安装固定　　　　图 4-60 卡扣安装

19. 端子压接口表示

用图形符号表示端子压接口方向,如图 4-61 所示。

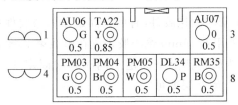

图 4-61 端子压接口

20. 孔式、叉式接头的包扎

带有孔式、叉式接头的电线进行外包扎时,包扎物不能超过接头外圆边界,如图 4-62 所示。

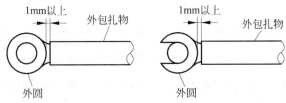

图 4-62 孔式、叉式接头包扎

21. 橡胶件

(1) 对于图 4-63 所示形状的橡胶件(没有固定条的橡胶件),将橡胶件按图示尺寸放在指定位置后,在绑扎处用宽 19mm 绝缘胶带在橡胶件上缠 2 层后向后在电线束上缠 40mm 长胶带,然后再折回向前缠 60mm 长胶带。

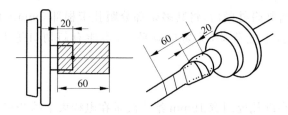

图 4-63　无固定条的橡胶件

(2) 对于图 4-64 所示形状的橡胶件(有一个固定条的橡胶件),将橡胶件按图示尺寸放在指定位置后,在绑扎处用宽 19mm 绝缘胶带先在电线束上缠 2 层,将橡胶件上的上固定条用胶带和线固定 3~4 层,如果固定条长度大于 40mm,在橡胶件上缠 2 层即可。

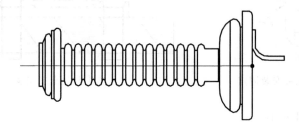

图 4-64　有一个固定条的橡胶件

(3) 对于图 4-65 所示形状的橡胶件(有两个固定条的橡胶件),将橡胶件按图示尺寸放在指定位置后,在绑扎处用宽 19mm 绝缘胶带先在电线束上缠 2 层,再将橡胶件上的上固定条用胶带和线固定,然后再把上下固定条同时和线固定 3~4 层,固定条长度大于 40mm 的橡胶件在固定条上缠 2 层即可。

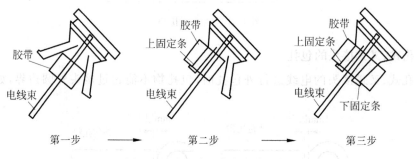

图 4-65　有两个固定条的橡胶件

(4) 橡胶件扎紧后方向、位置应准确,且轴向不能转动,径向不能移动,胶带缠扎需光滑无褶皱,胶带皮不得翘头。

22. 色标缠扎

色标缠扎按图纸指定位置用指定颜色的胶带在电线束上作停止包扎 2~3 层,且胶带中心为标记的测量中心。

23. 预留分支回缠

一般情况下主线上预留分支暂时不需要与车用电器对接或有其他用途时,需要将预留分支按照客户的要求或用纸胶带缠扎在线体上,根据预留分支的长短分别缠扎成 C 形、N 形、U 形、W 形,如图 4-66 所示。

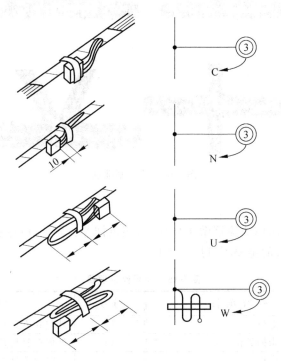

图 4-66 预留分支回缠

24. 分支出头尺寸

一般情况下出头尺寸 Y 为 10mm～50mm,特殊护套根据公式计算出头尺寸,$Y = \frac{2}{3}A$,如图 4-67 所示。

25. 铝箔屏蔽线处理方法

一般情况下铝箔屏蔽线上的屏蔽层必须剪掉,并用 PVC 胶带包扎端部,泻流线必须进行绝缘处理。

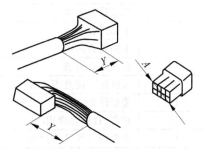

图 4-67 分支出头尺寸

4.6 电线束检测工序技术规范

电线束检测工序技术规范主要包括测量基准点和外观检查两个方面的内容。

1. 测量基准点

主干的中心线(红色线)与分支的中心线(红色线)相交的点(白色圆心)为中心测量

点,白色圆心为最佳测量点。圆圈直径 3mm 以内均为合格测量范围,如图 4-68 所示。

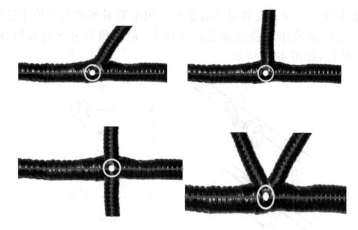

图 4-68 测量基准点

2. 外观检查

外观检查过的产品用油漆笔做明显标记,颜色推荐:金色、白色和绿色,不允许使用红色和黄色,外观检查的主要项目见表 4-15。

表 4-15 外观检查项目

序号	检查项目	序号	检查项目
1	端子是否退位	13	外包扎方式是否符合图纸要求
2	端子是否未插到位	14	外保护材料是否符合图纸要求
3	端子是否变形	15	保险盒盖是否安装
4	防水栓是否安装到位	16	保险盒内自锁、保险片、继电器等是否符合图纸要求
5	盲堵是否安装		
6	卡扣是否安装	17	保险盒是否完整
7	卡扣是否固定	18	尺寸是否符合图纸要求
8	自锁是否安装	19	标签是否安装
9	橡胶件方向是否正确	20	标签位置是否符合要求
10	橡胶件是否损坏	21	线体是否有损伤
11	护套、自锁是否损坏	22	是否有异物混入装箱
12	护套内导线是否拉力不齐		

单元 5

汽车电线束工艺设计

5.1 电线束工艺概述及文件输出的要求

5.1.1 电线束工艺概述

1. 工厂的五大要素

工厂的五大要素包括质量、成本、生产量和交货期、安全、员工士气。

2. 工艺的作用

工艺是一种现场管理的工具与手段。工艺是生产力水桶上两个提耳之一,可以有效开发和提高生产力的潜力和效率,并在降低运作成本方面发挥重要作用。

3. 工艺的目的

工艺的目的是保证产品品质的同时降低产品成本,提高企业利润,提高企业竞争力,提高企业生产效率。

4. 工艺活动的核心内容

工艺活动的核心内容就是产品的质量成本。

5. 工艺活动的效果衡量指数

在不降低产品质量的前提下,工艺活动的效果衡量指数用操作工的人均产值来表示。人均产值=场地产值(元)/场地占地面积(m^2)。

6. 工艺人员具备的意识

(1) 成本和效率意识。

(2) 问题和改进的意识。

(3) 工作简化和标准化作业的意识。

(4) 局部和全局意识。

5.1.2 电线束工艺文件概述

电线束工艺文件是指电线束工艺工程师在整个工程设计阶段要求输出的相关信息载体。电线束工艺开发到试生产阶段的输出文件如下。

1. APQP 中所要求的工艺文件

APQP 中所要求的工艺文件包括初始工艺流程图、初始 PFMEA、试生产工艺流程和 PFMEA、初始过程能力研究计划、包装规范、包装评价、PPK、CPK(客户选择)、车间平面布置评审等文件。

APQP(Advanced Product Quality Planning and Control Plan,产品质量先期策划与控制计划),是 QS 9000/TS 16949 质量管理体系的一部分。

PFMEA 是过程失效模式及后果分析(Process Failure Mode and Effects Analysis)的英文简称,是由负责制造(装配)的工程师(小组)主要采用的一种分析技术,用来最大限度地保证各种潜在的失效模式及其相关的起因(机理)已得到充分的考虑和论述。

CPK(过程能力指数)是 Complex Process Capability index 的缩写,是现代企业用于表示制程能力的指标。制程能力强才可能生产出质量和可靠性高的产品。而 PPK(过程性能指数)是 SPC 控制图中用来计算工序能力或过程能力的指数,是指考虑过程有偏差时,样本数据的过程性能。

2. 生产用工艺文件

生产用工艺文件包括下线压接明细表、下料工艺卡、下管表、卡点压接工艺卡、端子共压工艺卡、预装工艺卡、流水线工艺卡、检验工艺卡、包装工艺卡、预装工序物料卡、流水线工序物料卡、流水线人员配置表、目视化文件(目视图)等工艺文件。

5.1.3 电线束工艺文件输出的要求

1. 完整性

工艺文件使用者能够获取所有必要的生产操作指导信息。

2. 正确性

工艺文件能够提供正确的指导、提示等信息。

3. 严谨性

设计指标、实施方案、验证手段等的描述只有一个统一明确的解释,不允许出现产生歧义和相互矛盾的描述。

4. 简洁性

工艺文件的内容应简练明了,图示为主,文字辅助。

5. 时效性

文件输出的时限根据项目计划规定的时间节点完成。

5.2 下线、压接工艺文件设计及其基本知识和要求

5.2.1 下线工序工艺文件中的技术参数及要求

(1) 通常情况下,下线、压接工艺卡中导线的长度为产品图纸中导线两端尺寸之和加上工艺余量。打卡导线的余量需要在同长度范围内的单条线余量上增加 5mm,大平方线和屏蔽线、双绞线的余量在同长度单线余量上减 5mm,保险盒或侧出线的护套按照实物进行计算。

(2) 超声波焊接的电线,卡点的剥头长度范围一般为 12mm~22mm。

(3) 电线下线后的捆扎应便于储存和周转,捆扎后不影响后道工序的拆解和正常使用。

5.2.2 下线工艺文件中辅助作业设计注意事项

(1) 当电线外的闭口管类或其他闭口零部件的内径小于所穿过端子外接圆直径时,工艺文件中必须要求这些零部件在端子压接前进行安装。

(2) 当电线在下线工序需要安装管类、防水栓或其他类零部件时,工艺文件中必须注明安装的先后顺序,如先安装管类或其他类零部件,最后安装防水栓。

(3) 下线工艺文件中规定的参数及内容不能违背相关设备和工具的安全操作要求。

(4) 当有特殊要求时,半剥的电线半剥长度应在工艺文件中进行规定,具体数值根据实际情况来确定。

(5) 绞合线打卡时,在下线表中注明电线长度的差异和处理方式。

(6) 电线剥头的保护,剥头的整齐便于端子压接质量的保证。

(7) 当有特殊要求时,应在工艺文件中进行规定。如端子的剥头长度、压接高度等。

(8) 屏蔽线外绝缘层的剥开长度在不影响实际操作的前提下,一般为 50mm~80mm。并根据产品要求对屏蔽网进行处理(剪掉或者打卡),屏蔽网的处理方法必须在工艺文件中进行说明。

(9) 外观相似或者容易混淆的电线以及其他辅助材料,避免安排在同工位或者相邻工位,以降低材料混用的风险。

(10) 下线机位的编排必须遵循的原则是整套电线束的生产周期最短、总工时最少、半成品积压最少。

5.2.3 下线、压接工艺文件的编制

下线表即下线、压接明细表,是指在电线束生产过程中,用于指导下线、压接工序操作的包含多种工艺参数和要求等的工艺表格,最终通过 Excel 和 Access 软件打印成下料、压接工艺卡片,来指导车间生产过程。

样线用下线、压接明细表样式如图 5-1 所示。

批量生产用下料、压接工艺卡如图 5-2 所示。

标记	S2011-XX	XX	XX	XX-XX-XX	前线束总成					P19XXX-02	
	文件号	处数	签字	日期						河南天海电器有限公司	
					下线、压接、明细表						
序号	看板号	导线标准	线号	颜色	截面积	长度	剥头	左压接		右压接	
								端子	辅助	端子	辅助
1	K804020001	AVSS	751	灰	1.25	1070	5.4	DJ621-2.2B		PP0130702	
2	K804020002	AVSS	75	蓝	2.0	1080	5.2	7116-4032		PP0130703	
3	K804020003	AVS	152	蓝/黑	3.0	1065	5.2	7116-4032		PP0130801双联	
4	K804020004	AVSS	582	绿/黑	0.5	1120	5.4	DJ621-2.2A		DJ625-6.3A	
5	K804020005	AVSS	307	白	0.85	1120	5.4	DJ621-2.2A		PP0130702	
6	K804020006	AVSS	T81	蓝	0.85	1130	5.4	DJ621-2.2A		PP0130902	
7	K804020007	AVSS	303	白/黄	0.85	1160	5.4	DJ621-2.2A		PP0130702	
8	K804020008	双绞线AVSS1	P44	黄/黑	0.5	2410	4.3	PP10000489		61710BSS	DJ90112(锅)
9	K804020009	双绞线AVSS1	P45	黄/红	0.5	2410	4.3	PP10000489		61710BSS	DJ90112(锅)
10	K804020010	双绞线AVSS2	P46	灰/红	0.5	2410	4.3	PP10000489		61710BSS	DJ90112(锅)
11	K804020011	双绞线AVSS2	P47	灰/黄	0.5	2410	4.3	PP10000489		61710BSS	DJ90112(锅)
12	K804020012	屏蔽线1	P30	黄	0.5	2410	4.3	PP10000489		61710BSS	DJ90112(锅)
13	K804020013	屏蔽线1	P31	黑/黄	0.5	2410	4.3	PP10000489		61710BSS	DJ90112(锅)
14	K804020014	屏蔽网1	屏蔽网1						剪去屏蔽网、胶带包口。		剥胶皮50mm,胶带包口
15	K804020015	AVS	151B	黑/白	0.5	145	3	DJ454a×P30A	剥胶皮80mm,胶带包口	DJ459×151	表示打卡
16	K804020016	AVS	151D	黑/白	0.5	140	5	PP0130704		×151	
17	K804020017	AVS	151	黑/白	0.5	960	5	PP0131604三联体		×151	
18	K804020018	AVSS	KR1	蓝/黑	0.5	985	6	DJ623-E3.5A		1813018-6△KR1	
19	K804020019	AVSS	KX5	蓝/黑	0.5	890	6	5556乐清[MC23000148]		3△KR1	
20	K804020020	AVSS	KR1A	蓝绿	0.5	200	6	368085-1		4.2△KR1	
21	K804020021	AVSS	423A	紫绿	0.5	335	5	MT091-63080	PP0040704(过线径1.5~2mm)	DJ454a×423	表示装配后压接
22	K804020022	FLRY-B	428E	黑/白	0.5	960	4.6	1208929#		×428	表示共压
23	K804020023	FLRY-B	428A	黑/白	0.5	540	4.5	1212407S#		×428	
24	K804020024	FLRY-B	50a	黑	2.0	1175	6.5	15392777	F-5430	Y8-2.5	Φ4*100PVC管
25	K804020025	AVSS	751	灰	1.25	1070	5.0	DJ621-2.2B		PP0130702	

编制：XXX　　　校对：XXX　　　审批：XXX　　　第1页共4页

图5-1　样线用下线、压接明细表样式

下料顺序 C351 01/002		下料、压接工艺卡 架位 62号下层2号3号	
适用车型 长城		19792/06B/	
看板号 KB11663-06	线号 900D		导线物料号 M10100490
截面积 2.0	导线标准 AVSS		颜色 黑
25 每捆	长度mm	360	公差+3
左端剥头mm 5.0	公差mm +0.3 −0.15		右端剥头mm 11.0
左端子	说明		右端子
C351 01	机位		特殊线
368083-1	端子		DJ454C※900
1.77±0.05	铜线高度		
≤3.07	皮线高度		
左辅助			
右辅助			
编制: 批准: 日期: 更改单编号: 更改日期:			

图 5-2 批量生产用下料、压接工艺卡

下线、压接表格式及填写要求如图 5-3 所示。

序号	看板号	导线标准	线号	颜色	截面积	长度	左端			右端		
							剥头	端子	辅助	剥头	端子	辅助

K+图号后3位+系列号+4位顺序号。例：K792010001。
绞合线、屏蔽线未在同一行时，分别写不同的看板号。

数值格式

文本格式：
0.3；1.0；
1.25；10.0

以主文件描述为准。
有多个描述时填任意一个，例：8230-4522(7114-4047-02)，填写8234-4522，或者填7114-4047-02。

以主文件描述为准。
绞合线写同一行时，颜色+颜色，例：灰/黄+白/黄。
多芯屏蔽线写同一行时，颜色+颜色，例：黄/绿+红/白+绿/黑。
绞合线或屏蔽线未在同一行时，按实际颜色填写。

以产品图纸为准。
绞合线压接端子和辅助内容相同时，在同一行表示，线号+线号，例：23+24。
绞合线或屏蔽线未在同一行时，按实际线号填写。

所有绞合线均用"绞合线"+线种表示，例：绞合线AVSS。
屏蔽线写出实际芯线数量+屏蔽线+线种，例：单芯屏蔽线FLRYDY、六芯屏蔽线FLRYDY、铝箔双芯屏蔽线FLRYBYW。
绞合线、屏蔽线未在同一行时，后缀序号用以区分。例：绞合线AVSS1；双芯屏蔽线FLRYDY2。

图 5-3 下线、压接表格式及填写要求

下线、压接工艺卡编制时采用标准格式图框,具体要求如下。

下线、压接工艺卡采用 A4 幅面,内容包括序号、看板号、导线标准、线号、颜色、截面积、长度、左剥头、左端子、左辅助、右端子、右剥头、右辅助、选项、下料顺序、左端子机位、右端子机位、架位。

(1) 看板号:为方便车间整个生产过程,给每条电线设定的代号,每条电线的看板号是唯一的,是电线的物料号。

(2) 电线标准:按照产品图要求确定电线标准,如日标线、德标线、国标线、绞合线、屏蔽线等。电线标准用大写英文字母表示,同时要根据电线截面积正确输入电线标准。

(3) 线号:产品工程师在图纸中设定每条电线的代号,使用时必须完全符合产品图表示方法,转接线除外,转接线的截面积不小于与其相连的最大截面的电线。

(4) 线色、截面积:根据产品图纸中设定好的每种电线的颜色和线径信息输入下线、压接明细表。产品图中用缩写的英文字母表示线色,下线、压接明细表中,线色需要用汉字表示,双色线中间用"/"隔开。如:红/黄(R/Y)。

(5) 长度:根据产品图纸中的要求确定各有效尺寸(点到点之间、点到护套尾部或护套前端、点到孔式接头的中心等),再将每条电线按产品图中的路径对每个尺寸累计相加后再加工艺余量。产品图纸中的尺寸单位为 mm,最终计算出来的长度单位仍然为 mm。一般的(尺寸到前端的除外)工艺余量参照表 5-1。

表 5-1 工艺余量表

序号	单条电线净长度/mm	增加余量/mm
1	$L \leqslant 600$	30
2	$600 < L < 2000$	40
3	$2000 \leqslant L \leqslant 4000$	50
4	$L > 4000$	60

① 侧出线护套、特殊护套、保险盒需要实际测量后增加余量,如图 5-4 所示。两端是孔式接头、电瓶线等特殊连接器工艺余量要减去 10mm～20mm。

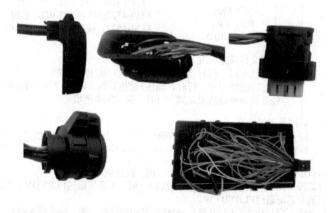

图 5-4 侧出线护套、特殊护套、保险盒电线余量

② 带有孔式接头的电线长度计算如图 5-5 所示。

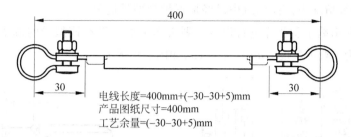

图 5-5 带有孔式接头的电线长度计算

③ 侧出线护套内的电线长度计算如图 5-6 所示。

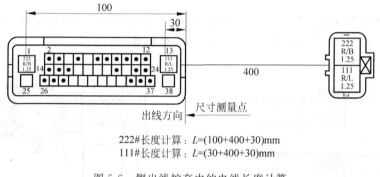

图 5-6 侧出线护套内的电线长度计算

④ 保险盒内电线长度计算如图 5-7 所示。

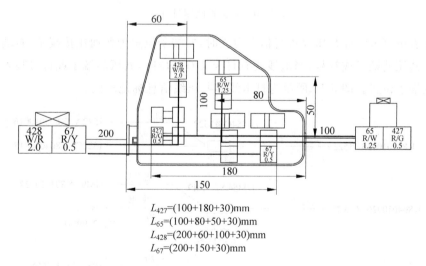

$L_{427}=(100+180+30)$mm
$L_{65}=(100+80+50+30)$mm
$L_{428}=(200+60+100+30)$mm
$L_{67}=(200+150+30)$mm

图 5-7 保险盒内电线长度计算

⑤ 大尺寸、长护套内电线长度计算。电线插入长度过大的护套孔内电线长度的计算：在正常计算中加上插入深度 30mm，如图 5-8 所示。

⑥ 端子和电线剥头。可以随意规定电线的一端为左端,另一端为右端。左、右端子型号的选择,一般情况下产品图纸中已经根据护套型号适配。

剥头尺寸利用端子剥头库进行设定。剥头库中如果没有该型号的端子剥头,剥头长度的计算公式为:剥头长度$=ab+bc+cd$,如图5-9所示。

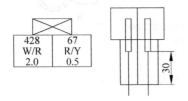

图5-8 大尺寸、长护套内电线长度计算

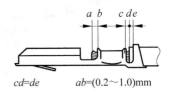

图5-9 剥头长度计算

为了保证压接出头长度,剥头公差应根据端子自身的特性来制定,剥头长度的测量方式如图5-10所示。剥头长度单位为mm,保留1位小数。

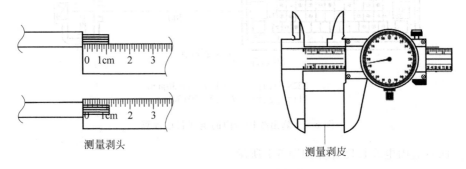

图5-10 剥头长度测量方式

下线表中打卡线和共压线进行信息写入时,左端子位置为普通压接端子,右端子位置为打卡和共压的端子或符号,当电线既有打卡又有共压时,共压的端子或符号写入此电线的左压接端子位置。图5-11所示为打卡线和共压线信息标记示例。

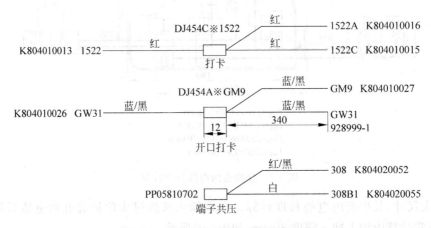

图5-11 打卡线和共压线信息标记示例

多根电线共压一个端子时,应在该端子后加"△线号",其余共压的电线直接用"△线号"表示。同一个下线、压接明细表中同一组共压端子的电线后的"△线号"是唯一的。

多根电线打卡时,其中一根电线后用"U卡※线号"表示该组打卡线,另外的几根电线用※线号表示。同一个下线、压接明细表中同一组打卡电线后的"※线号"是唯一的。例如,DJ454A※AA35。

对于特殊的端子,需要进行装配后压接,必须在每个端子后加上♯符号。

(6) 左、右辅助:是指在执行压接操作前,将电线穿上相应的辅助材料,如防水栓、热缩管、单孔导套、闭口PVC管、橡胶件等。辅助栏中还可以注明与该端子的特殊性相关的说明,提醒工人操作时注意其特殊性。

(7) 选项:就是产品图号,可以同时输入多个同一系列的产品图号。每个图号之间需要用/隔开,最后一个图号后面仍然需要加上/,方便周转工艺卡正确输出,信息相同时合并。

(8) 下料顺序:是指电线加工时的操作工位和顺序。

(9) 左、右端子压接机位:端子的操作工位,相同端子应安排在同一工位。

(10) 架位:是指半成品电线暂存地址。

5.3 打卡、共压工艺文件设计及基本知识

5.3.1 卡点压接工艺卡设计的基本知识

1. 卡点压接工艺文件的设计

(1) 计算大灯(近光、远光、雾灯)打卡线长度时,卡点位置设置应考虑左、右灯的电线长度相等或近似相等,以便保证相同的电压,当产品没作要求时,不需要刻意去达到或保证此要求。

(2) 电线的最小截面应大于或等于卡点总截面的5%。

(3) 卡点同一侧的电线数量一般不超过10根。

(4) 打卡、共压线长度应不小于100mm。

(5) 卡点的同一侧,避免一根0.35mm^2的电线与一根大于或等于3mm^2的电线进行打卡。

(6) 卡点左侧与右侧截面积的比例应小于3。

(7) 当一根电线同时存在打卡和共压的现象时,工艺文件中必须规定其操作顺序,一般为先打卡后共压,且打卡和共压在一份图纸上表示。

(8) 端子进行两线共压时电线最大截面S_{max}和最小截面S_{min}的比例:$S_{max}/S_{min} \leqslant 3$(电瓶夹和孔式接头除外)。

(9) 有一条电线截面积$\geqslant 10mm^2$进行共压时,最大截面积/最小截面积的值$\leqslant 5$。

(10) 打卡电线的U型端子的选用和电线剥头设计参照表5-2。

(11) 同一卡点的电线剥头长度或开口长度应设定统一数值,剥头长度参照工艺标准。

(12) 同一卡点的电线截面积的总和决定所选用 U 型端子的型号,打卡图内的 U 型端子型号必须与下线表保持一致,见表 5-2。

表 5-2　打卡电线的 U 型端子的选用和电线剥头设计

端子型号	DJ454A	DJ454B	DJ454C	DJ459	DJ460
适用电线截面积/mm²	<2.5	2.5~4.0	4.0~6.0	6.0~12.0	13.0~20.0
剥头长度/mm	8.0	10.0	11.0	12.0	13.0

2. 卡点位置

(1) 卡点的位置设置避开活动回路、大曲度区域、橡胶套位置,并考虑减少材料成本。

(2) 产品图纸上如没有要求卡点位置,尽可能将卡点设计在有保护层的位置,如波纹管、胶带全缠内层等。尽量不要使卡点裸漏在线束的外表,以便卡点处的保护,如图 5-12 所示。

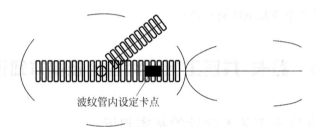

图 5-12　卡点位置设计

(3) 一般情况下卡点与卡点之间的距离应大于 50mm,如图 5-13 所示。

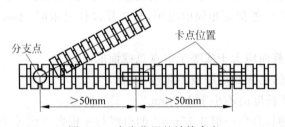

图 5-13　卡点位置的计算参考

(4) 一般设计卡点时,应将卡点靠近电线条数多且横截面积较大的一端,这样可以节省原材料。如图 5-14 所示,节约型比浪费型节约 2mm² 电线 50mm。

(5) 卡点设计时应考虑预装的可操作性。

3. 卡点处的绝缘密封处理

(1) 选用热缩管时,热缩管直径应为被热缩电线总外径的 1.5~2.0 倍,长度为被热缩部位长度的 2~4 倍。

(2) 电线卡点绝缘处理所用胶带一般为宽度 38mm,厚度 0.2mm 以上的胶带。

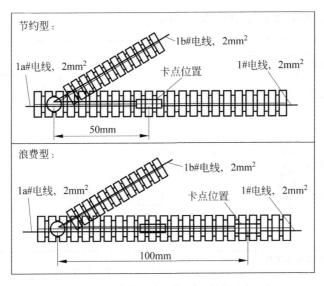

图 5-14 卡点位置优劣比较

4. 电线开口

当电线上的绝缘层开口时,工艺文件中必须注明开口长度、被开口的定位尺寸以及定位基准三个要素。

5.3.2 卡点压接工艺卡的编制

卡点压接工艺卡编制格式依据工艺图纸绘制标准要求执行,卡点压接分为以下两种。

1. 开口打卡

开口打卡是指在单条电线上指定位置使用开口设备将电线的绝缘皮剥开一定的尺寸,再将其他电线的剥头端与开口处使用压接机连接起来,如图 5-15 所示。

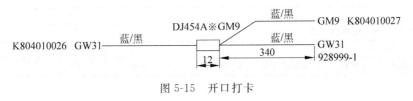

图 5-15 开口打卡

2. 对打

对打是指两条以上的电线打卡剥头端使用压接机连接起来,如图 5-16 所示。

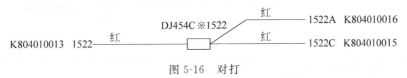

图 5-16 对打

设计卡点压接工艺卡时要查看产品图技术要求,确定是否指定卡点位置、卡点连接方式、卡点绝缘密封材料等信息。依据产品图上的回路表设计打卡连接组合。在标准图框里描述相应的操作步骤和图示,如图 5-17 所示。

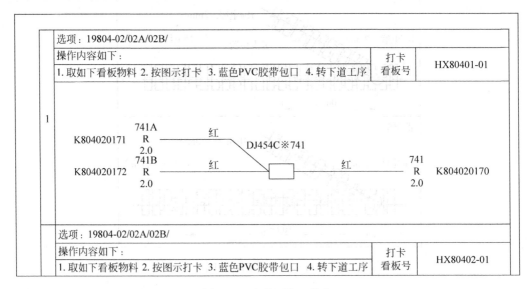

图 5-17　卡点压接工艺卡

在图 5-17 中,19804-02/02A/02B 表示此图内的打卡方式适用于 19804-02、19804-02A、19804-02B 三种产品。看板号表示此打卡线的物料号。

5.3.3　电线束端子共压工艺卡编制方法及要求

端子共压工艺卡依据工艺图纸绘制标准要求格式进行编制。

共压工艺卡编制时查看产品图技术要求,确定是否有对共压端子尾部做绝缘处理等一些特殊要求。查找共压到一起的电线和所需共同压接的端子型号。在标准图框里描述相应的操作步骤和图示,如图 5-18 所示。

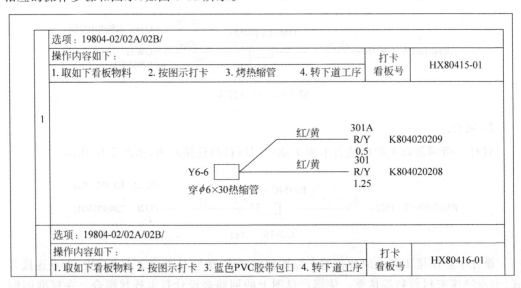

图 5-18　共压工艺卡

5.4 预装配工艺卡设计及基本知识

5.4.1 预装配工艺文件中的基本知识

(1) 预装配工艺的设计过程中,应考虑抽盘后的电线是否顺畅,是否会造成电线与电线或者电线与护套等部件绞在一起影响总装配操作的问题。

(2) 流水线的预装工艺卡的编制应按照客户的日需求量、厂区空间等资源进行综合设计,设计时应做到整体的工位平衡,理想状态为单件流之间的半成品为零库存。

(3) 预装图的绘制应按照工艺绘图标准要求执行。

(4) 预装工艺设计的过程中必须考虑防错设计,同色线的电线应避免在一个工位出现,尤其避免由同一个人完成操作。

(5) 护套等零部件安装时的特殊要求应以提示的形式体现在预装图中。

(6) 对于一些结构复杂的护套等零部件,工艺文件中应注明此零部件的操作方式和注意事项。

(7) 预装的目的就是尽可能多地将电线和护套等零部件组合在一起,方便总装作业。

(8) 带有端子二次自锁或锁死保险装置的护套如图 5-19 所示。预装时应将护套内所有的电线全部安装完成。

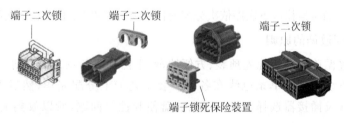

图 5-19 带有端子二次自锁或锁死保险装置的护套

(9) 当端子在护套内插入不分正反面,且插入后影响端子二次锁的安装时,工艺文件中必须进行端子压接面的标注和警示,如图 5-20 所示。

图 5-20 端子插入影响二次锁安装

（10）预装工艺文件中，应规定将涉及的护套固定扣及盲栓安装到位，扣和盲栓如图 5-21 所示。

（11）带有锁翅的端子装配时，工艺文件中应要求此类端子先装入护套，两端都有此类端子时应考虑装配时端子刮伤线皮或端子锁翅被刮伤等问题，图 5-22 所示为带有锁翅的端子。

图 5-21　扣和盲栓　　　　　图 5-22　带有锁翅的端子

（12）预装工艺设计时，防止出现漏预装电线，或者同一条电线在不同工位上重复出现的问题。

5.4.2　预装工艺文件编制

预装工艺卡不但能使预装作业人员易于识图、作业顺利，同时能保证总装配效率提高和保证质量。

为了提高装配效率，一般要尽量将产品上所有的电线、插接器、不开口的管类材料及总装不适合安装的橡胶件等材料分配到各预装单元，方便总装配作业。

1. 插接器分配一般遵循先大后小原则

一般情况下，插接器按以下次序依次分配到各个预装工艺卡：保险盒→大护套→小护套。

2. 电线分配遵循的原则

电线分配遵循单条电线优先预装、方便抽盘、平衡和服务总装的原则。

一般先把下线表中的单条电线在各个预装工艺卡上分配完毕，然后再分配打卡线。打卡线的分配涉及插接器选择、工位平衡、抽盘便利性等问题，所以放到最后分配来提高设计的可行性。

容易划伤电线的端子（如 DJ623-E3.5 端子、穿防水栓的端子）要穿，打卡线预装时优先顺卡。

当复杂打卡、共压线在预装工位操作困难时，将此类电线转移到前工序进行提前处理（打卡前抽盘，或打卡后抽盘）。

一个车型从产生到停产的整个周期内会衍生出很多不同的型号（状态），型号之间都会存在差异，差异小的，预装配工艺图可以合在一页（套）图纸内，差异大的，预装配工艺图分别在不同的图纸内体现，如 P19792-02 系列中，7 是在系列 1、2、…的基础上增加出来的，一个系列中又有一种或多种适用的车型，如 19792-02IE/02JE/02BE/02CE/02KE 表示同一款车上由不同配置导致的不同状态的电线束 19792-02IE、19792-02BE、19792-02JE 在预装配工艺时使用，如图 5-23 所示。

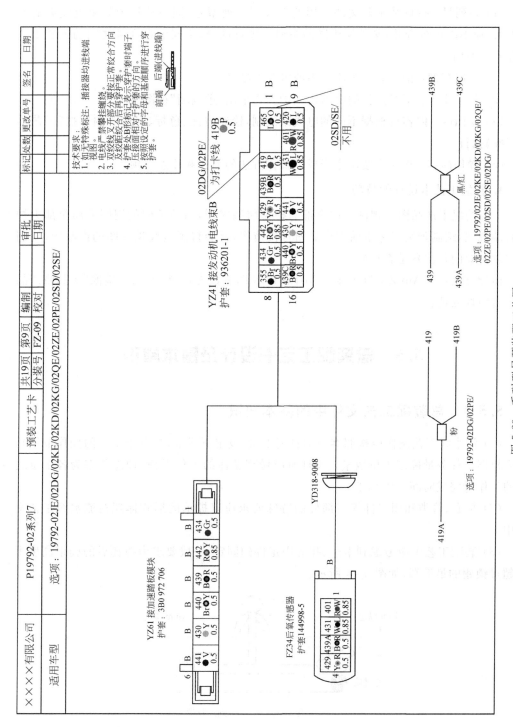

图 5-23 系列型号预装配工艺图

3. 预装工艺卡的填写

（1）系列号：指预装工艺文件适用的电线束系列型号，同一项目中如果电线束的差异太大，而不能进行合并，必须用不同的系列号进行区分，不同的系列号之间的预装工艺文件不能通用。

（2）适用车型：指预装工艺所适用的电线束型号。

（3）技术要求：指对操作的要求。如护套均采用"进线端"视图等。

（4）绘图区：内容可根据不同的电线束编制，绘制方法、色标、字体等内容按《工艺绘图标准》执行。

（5）操作内容：指对预装图中半成品操作方法的简述和注意事项。

4. 预装工艺卡设计的技巧

一般情况下产品图的视图方向全部为护套前端视图，而预装图的视图方向全部为护套后端视图，编制预装工艺卡前把产品图直接镜像，就会得到进线端视图的产品图，特别要注意护套的孔位号是否正确。

镜像方法：在 AutoCAD 中输入 MIRRTEXT，参数为 0，然后选择"镜像"工具将产品图左右镜像处理。

5.5 总装配工艺卡设计及基本常识

5.5.1 总装配工艺文件中的基本知识

（1）流水线工艺制作应按照客户的日需求量，设定下线节拍（下个工位的操作节拍），然后根据总任务量确定工位数量。设计时应做到整体的工位平衡，理想状态为各工位之间的工作量完成时间差距小于 5s。

（2）护套、管类和固定件等零部件的特殊要求应以提示的形式体现在流水线工艺文件中。

（3）装配工艺中应考虑到卡子、扣等固定件的固定，一般要求为缠扎后的胶带高度不能超过锁翅的最低端，如图 5-24 所示。

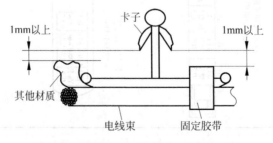

图 5-24 胶带高度不能超过锁翅的最低端

(4) 胶带包扎方式遵循作业指导书的要求,当产品有特殊要求时,必须在流水线工艺卡中规定胶带的缠绕方式。

(5) 装配工艺文件的设计应考虑避免电线划伤、扭伤、端子自锁损伤和变形、错位、没有安装到位等现象。

(6) 如果预装时护套内所有的电线全部安装完成时,应在工艺文件中规定将端子的二次自锁或锁死保险装置安装到位。

(7) 装配工艺中应注明装配后的绞合线叉开的长度允许值,一般电线束中使用的双绞线在制成成品电线束后双绞线拆开的长度不应超过50mm。

(8) 电线束上胶带缠绕方向如图5-25所示。缠绕时胶带的拉紧力度适中,检测的依据为用手挤压缠绕后的电线束时,电线束内的电线相互之间能有明显的滑动位移,电线束的可弯曲性好。

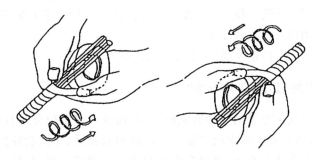

图 5-25 胶带缠绕方向

(9) 胶带缠绕电线时,长线U形布置后用胶带缠绕包扎U形折线处,对于过长的电线可S形或W形折叠布置在主干中,不允许出现单条电线绞(扭)线现象,如图5-26所示。

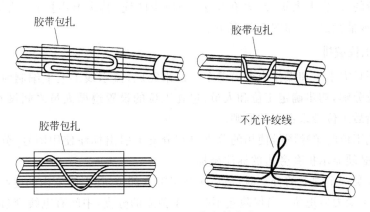

图 5-26 过长电线包扎方式

(10) 组装工艺文件的编写应按照先分支后主干,先主干两侧后主干中间位置,先花缠、全缠后包扎管子的顺序进行,如图5-27所示。

(11) 带有螺栓或螺母的产品,工艺文件中应规定出其安装顺序和安装后的状态,需要紧固的应规定出紧固力矩,力矩值必须符合产品图纸要求。

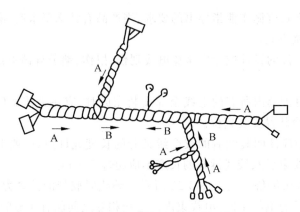

图 5-27 包扎组装工艺文件编写顺序

(12) 对于特殊类型(端子和护套的配合具有特性)的护套,应在端子压接前在压接工艺文件中规定端子的压接参数和要求。

(13) 护套外的海绵、护壳等部件,电检测后进行安装。

5.5.2 流水线工艺文件设计

流水线操作是电线束总装的一种普遍形式,目前流水线工位分为挂线(上线)、包扎、按扎带(管卡)、下线等步骤。流水线工位卡要经过原始设计、车间验证跟踪、初次优化更改、再次车间验证、再次优化更改,经过多次更改验证才能使上线、包扎、按扎带等工位达到节拍相同,达到平衡工位的效果。

1. 挂线

挂线工位的编排根据电线束的特点确定,一般从第一工位开始为挂线工位,上线时先上保险盒所带的线,再上大护套(多孔位护套)所带的线,其次上小护套(孔位少)所带的线,最后上单独抽盘的线,如图 5-28 所示。

2. 包扎工位编排

包扎按照日需求量和操作内容由多个工位来完成,流水线工艺卡编制时将流水线工装图按照工位分解,初步确定工位和人员,包扎工位的设置遵循人员之间没有相互干涉,前工位不会给后工位带来不便的原则。

分解包扎工位时单独图号使用的分支要在分支上引出标注使用图号,分支上的护套不用体现,但必须显示护套旁边的标注坐标号。

当保险盒是一个独立的分支时,最后包扎保险盒部位,使保险盒内的电线留有足够的余量,防止端子受力后退位;当保险盒不是一个独立的分支,中间有电线穿过则按照先包扎分支,再包扎主干,保险盒旁的电线最后包扎。

3. 编制安装扎带、固定件工位

编制安装扎带、固定件工位是流水线工艺卡的最后一步,只需要一页就能完成,必须写清楚扎带(管卡)的型号,写明剪扎带和卸线,如图 5-29 所示。

单元5 汽车电线束工艺设计

河南天海电器有限公司	P19792-02系列	流水线上线工艺卡	共5页 第5页 总装号ZZ-01	标记 处数 更改单号 签名 日期			11.11.16
适用车型	19792/02QD/02ZA/02JA/02SA/02SD/02PD/02SE/02JD/02BD/02CD/02DD/			标版 S2011-239 C			

审批 杨三军 11.3.22
校对 王小显
编制 姬红亮

技术要求：
1. 如无特殊标注，插接器均从进线端视图。
2. 非所有型号通用要用文字标出。
3. 非捆扎禁忌叉开部分要按正常绞合方向及绞距合后再穿护套。
4. 双绞线叉开部分要按正常绞合方向及绞距合后再穿护套。
5. 护套处B形标记表示穿护套时端子压接面相对于护套的方向，护套处B形标记表示穿护套时端子压接面相对于护套的后端(进线端)前端

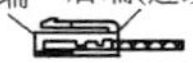

操作内容：
1. 挂线FZ-02。
2. 挂线FZ-05。
3. 挂线FZ-07。
4. 挂线FZ-09。
5. 护套电线穿满后按自锁。

挂线

图 5-28 挂线工艺编排

河南天海电器有限公司	P19792-02系列	流水线上线工艺卡	共5页第5页	编制	姬红惠	审批	杨三军	标记	处数	更改单号	签名	日期
适用车型	19792/02QD/02ZA/02JA/02SD/02PD/02SE/02JD/02BD/02CD/02DD/	总装号ZZ-15	校对	王小显	日期	11.3.22	c	换版	S2011-239		11.11.16

技术要求：
1. 如无特殊标注，插接器均采用进线端视图。
2. 串所有型号兼挂缠绕。
3. 电线线头不部分要按正常线合方向。
4. 及线接合后圆要束穿护套。
5. 护套料B形标记末穿护套时端子压接面相对于套的方向。

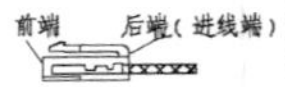

前视 后视（进线端）

操作内容：
1. 依照工装板图安装扎带和剪所有扎带出头。
2. 下线。

操作内容：
参照工装板操作此页内容。

图 5-29 编制安装扎带、固定件工位

按照图纸规定安装扎带并用扎带枪剪掉电线束上所有的扎带头,然后转入下道工序。

(1) 工位分配要领:遵循分配平衡的原则(这和预装图的设计有一定的关系,要达到便于灵活调整,一个独立的线要成为一页),达到节拍生产。对于不穿护套的线和单独抽盘的线安排到最后一个挂线工位挂线。新项目流水线作业时往往借用现有项目的人员配置进行安排,生产时工艺人员要到流水线对每个工位操作时间进行记录,对差别比较明显的工位可以立即调整,然后再进行操作时间记录,最后做一份工位平衡图进行分析。

(2) 工位平衡的方式:记录各工位操作时间,做工位平衡图分析,分析后调整工位,再记录各工位操作时间,要经过多次的调整才能达到平衡的效果。

5.6 检验工艺卡的设计及基本常识

1. 检验工艺卡的基本常识

检验工艺卡是检验工位操作要求的工艺指导文件,内容是将工位的操作内容进行分类列举。

检验工艺卡内容包括线束测试台 100% 导通检验、保险片、继电器、海绵胶带等附件安装部分;外观检验板 100% 外观检验、捆扎分支、护壳、护板的安装、电线束的盘绕装袋、装箱、贴合格证标签、封箱等操作。

2. 检验工艺卡的编制

(1) 标题:根据不同的电线束图号和电线束系列型号进行编写,图号前必须加上字母 P,系列号与流水线工艺卡相同。

(2) 总检号:ZJ-01 包括测试台 100% 导通、贴标签、安装保险片、继电器、保险盒自锁、海绵胶带等;ZJ-02 包括 100% 外观检验、安装保险盒盖、护壳、支架、做标记、绑扎分支、电线束盘绕装袋、装箱等操作。

(3) 资源号:指该工位所需的各种资源编号,一般只需填写所需物料的物料号和资源的编号。

(4) 资源描述:填写该工位所需设备、物料的描述。如测试台、外观检验板、目视图、护套描述等。

(5) 数量/套:填写所需资源的数量。

(6) 前序地址、后续地址:如果有固定地址号,就填写地址号;如果无地址号,可不填写。

(7) 版本、版本号、更改通知单号、签名、日期:要求填写在每一页的内容部分第一行,如图 5-30 所示。

P19790-02系列检验工艺卡

总检号	资源类别	资源号	资源描述	数量/座	单位	前序工位	工位岗位
19790-02A	ZJ-01	1版本		更改通知单编号：	签名：	日期：	
19790-02A	ZJ-01	2设备	1人	测试台	2	个	
19790-02A	ZJ-01	3料	M50700022	导测线束	1	EA	
19790-02A	ZJ-01	3料	M40100479	海绵胶带150*50*4	0.001	KP	
19790-02A	ZJ-02	3料		机舱标签（纸不干胶）/	0.001	KP	
19790-02A	ZJ-01	4文			1	份	
19790-02A	ZJ-01	5步骤01		按对插机导通文件与导通测试进行电路检测。			
19790-02A	ZJ-01	5步骤02		对检测线束进行电路检测。			
19790-02A	ZJ-01	5步骤03		电路导通合格CT37座仪表检束B胶护套（PP0457303白色）贴海绵胶带150*50*4			
19790-02A	ZJ-01	5步骤04		贴机舱标签（纸不干胶）/			
19790-02A	ZJ-01	5步骤05		操作线束，管作检查合格后包装检验。			
19790-02A	ZJ-01	5步骤06		成品放在指定位置传外观门包检验。			
19790-02A	ZJ-01	5步骤07		协助外观检验人员对成品门包检验。			
19790-02A	ZJ-02	1版本		更改通知单编号：	签名：	日期：	
19790-02A	ZJ-02	2设备	1人	外观检验台（床）	2	个	
19790-02A	ZJ-02	3料	M40100488	不干胶合格证纸（线束包装专用）	0.00002	KP	
19790-02A	ZJ-02	3料	PP2180103	线束低密500*500*300 ZBZZ-XX5	0.2	EA	
19790-02A	ZJ-02	3料	PP2180114	塑料袋750*550	0.001	KP	
19790-02A	ZJ-02	3料	M50600117	透胶带胶带1*30	0.02	EA	
19790-02A	ZJ-02	3料	M50600103	封箱胶带/	0.014	EA	
19790-02A	ZJ-02	3料	F10000170	凡士林	0.01	KP	
19790-02A	ZJ-02	4文		19790-02系列检验工艺卡	1	份	
19790-02A	ZJ-02	5步骤1		按检验工艺检验线束对线束进行外观检验。			
19790-02A	ZJ-02	5步骤2		CT23护套涂抹凡士林水湖，凡土林、扎带、线束用金色记号笔做标记。CT25前两刮胶保护护套涂抹凡士林湖。			
19790-02A	ZJ-02	5步骤3		检验护套是否装卡到位。			
19790-02A	ZJ-02	5步骤4		需要更换CT14一脚受器插A，CT15磨档位开关，CT16磨器档位电磁阀护套PVC胶带包扎护套尼龙。			
19790-02A	ZJ-02	5步骤5		检验效果架LH22-02交接万次，胶拉作35-6794线胶DK90100112的变换尺寸，方向正确。			
19790-02A	ZJ-02	5步骤6		确定ECU年平台装置放置正确。			
19790-02A	ZJ-02	5步骤7		按查CT18一脚发动机传感线速率护套、胶胶作用金色记号笔包扎护扎。			
19790-02A	ZJ-02	5步骤8		按要求检查有卡，扣、扎带、线束用金色记号笔进行包扎记号严实。			
19790-02A	ZJ-02	5步骤9		操作线束，管作检查合格后包装检验。			
19790-02A	ZJ-02	5步骤10		按要求尼龙变捆扎线束。			
19790-02A	ZJ-02	5步骤11		由电检人员的外观检验。然后包装合格工艺卡对合格线束进行包装入座。			

编制：××× 校对：××× 批准：××× 日期：

第1页共1页

图 5-30 检验工艺卡

5.7　预装、流水线工位物料卡设计及基本常识

5.7.1　预装物料卡的编制

预装物料卡是每一页预装工艺卡所需物料的汇总表，包含了该预装工位所需的所有物料、工艺文件和设备信息。

1. 预装物料卡的标题

预装物料卡的标题应在预装物料卡 Excel 文档内用设置页眉的方式标记出来。字体：黑体，14 号字，加粗。

完整的填写格式示例：P19787-01 系列 1 预装物料卡。其中，字母 P 表示过程文件和系列"序号"，必须填写，如果只有一个系列，就填写"系列 1"，随着电线束状态的变化可能衍生出"系列 2"等。

2. 选项栏的填写

选项栏内根据同系列的电线束型号所要求的物料进行填写，如果物料卡中的某种物料不通用，不用于某型号的电线束，必须在该型号电线束的一列中将该物料空出。

选项栏电线束型号的填写根据电线束状态的增加和批量生产来顺序填写。

例：P19787-01 系列 1 预装物料卡，共有 19787-02/02A 图号，选项栏应按图 5-31 所示要求方式填写。

3. 分装号栏的填写

分装号栏的填写内容必须和"预装工艺卡"的分装号保持一致。如 FZ-01 解释为：预装工艺卡第一页中所需物料的清单。FZ 是"分装"的汉语拼音首字母。

分装号一列必须全部填写，禁止出现空格，因为 Excel 电子文档要以此列为主要条件进行筛选分页打印。

分页汇总打印的方法如图 5-32 所示。

4. 物料类别栏的填写

1 版本：指该预装物料卡的版本信息；2 设备：流水线；3 料：指该页中的所有物料；4 文：指能使用到的其他的相关文件。便于文件数量、物料数量的分类汇总，该列为非重要列。

5. 物料号栏的填写

物料号栏可填写该页中所需物料的物料号。单条电线填写该电线的看板号；打卡电线填写合线的看板号；护套、管和自锁等填写该物料的物料号。

该列中的护套、卡、盲栓和管等物料的物料号必须填写。电线、打卡电线和项目初期如无看板号可空出不填写。

P19790-02系列1预装物料卡

分类号	物料类别	物料号	物料描述	数量/座	单位	配送地址	工位地址
	1版本	标记：A	处数 换版 更改单号：S2011-168 签名：张展华			日期：2011-8-1	
FZ-01	2段名		FZ-01	1	份		
FZ-01	3科		54+53# 0.5(AVSS双绞线)黑+白	0.001	KP		
FZ-01	3科		47# 0.5(AVSS)白/黄	0.001	KP		
FZ-01	3科		48# 0.5(AVSS)红	0.001	KP		
FZ-01	3科		49# 0.5(AVSS)红/黑	0.001	KP		
FZ-01	3科		50# 0.5(AVSS)黑	0.001	KP		
FZ-01	3科		1# 0.5(AVSS)白/蓝	0.001	KP		
FZ-01	3科		2# 0.5(AEX)蓝/黑	0.001	KP		
FZ-01	3科		29# 0.85(AEX)蓝/黑	0.001	KP		
FZ-01	3科		74A# 0.5(AVSS)黄	0.001	KP		
FZ-01	3科		22# 0.75(FLRY)黄/蓝	0.001	KP		
FZ-01	3科		23# 0.75(FLRY)黄/黑	0.001	KP		
FZ-01	3科		24# 0.75(FLRY)蓝/绿	0.001	KP		
FZ-01	3科		25# 0.75(FLRY)绿/白	0.001	KP		
FZ-01	3科		27# 红 一对三打卡线	0.001	KP		
FZ-01	3科	PP0441804	四色插簧护套总成 100*1 2/X	0.001	KP		
FZ-01	3科	M50400513	PVC管φ8*290	0.001	KP		
FZ-01	3科	M20001106	935.059-1护套/	0.001	KP		
FZ-01	3科	M50400230	PVC管φ8*130	0.001	KP		
FZ-01	3科	M20000538	PVC管φ8*70	0.001	KP		
FZ-01	3科	M20000055	935.06-0-1(护套)/	0.001	KP		
FZ-01	3科	M20003853	36.8123-5护套/	0.001	KP		
FZ-01	3科	M72000113	85000-1线夹/	0.001	KP		
FZ-01	3科	M50400912	PVC管φ8*200(大发专用)T=0.5006(灰)	0.001	KP		
FZ-01	3科	PP0338102	单线插簧 护套 B 300*14/X	0.001	KP		
FZ-01	3科	PP0417507	DJT023-3.5-20黑色总成 100*14/X	0.002	KP		
FZ-01	4文	PP0417510	DJT023-3.5-20驼色总成 100*14/X	0.002	KP		
FZ-01			预装图FZ-01	0.004			

编制：×××　　　校对：×××　　　审批：×××　　　日期：2011-3-22　　　第1页共10页

图 5-31　预装物料卡填写示例

图 5-32　分页汇总打印

6. 物料描述栏的填写

物料描述是指该页物料卡中所有物料的描述。除电线以外，其他物料的物料描述必须和四班（FourthShift）系统中的物料描述保持一致，填写时可以从物料主文件中进行复制粘贴，或者根据物料号进行链接。

电线的物料描述格式如下。

单条电线："HA15♯ 0.85（AVSS）红/蓝"。快捷方法：作预装图的时候将下线表按照预装图各页所需电线分开，然后在 Excel 中用 CONCATENATE 函数进行两次连接。

首先，将电线线径、线形和线色连接，如图 5-33（a）所示；其次，再将线号.♯＋空格＋0.85（AVSS）蓝/黑连接，如图 5-33（b）所示；最后，将连接结果用选择性粘贴→数值选项，粘贴入预装物料卡中。

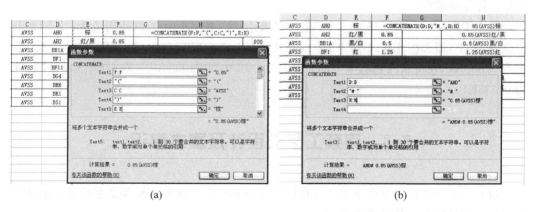

图 5-33　电线物料填写的快键方法

打卡点按照组别进行手工输入。当打卡线线号相同，状态不同时应分别体现。

打卡电线：HA10♯ 黑　二对三打卡线；HA10 指打卡线 DJ454B * HA10；打卡线的组合方式：几对几打卡必须填写，特征也应表述出来，如打卡带共压。

7. 数量/套栏的填写

数量是指该页预装物料卡中物料的实际需求数量。

8. 单位栏的填写

单位是指物料的使用单位。规定物料单位(电线除外)必须和物料主文件中单位保持一致,半成品电线的单位为 KP。

9. 前序地址栏的填写

前序地址是指该物料的存储地址。单条电线、打卡线可填写前序地址。其他物料可不填写。

10. 工位地址栏的填写

工位地址是指该物料所使用的具体工位地址。

每页预装物料卡的第一行必须是版本、标记、处数、更改单号、签名和日期。并且分装号栏内必须填写该页的分装号,便于分类汇总和打印。

5.7.2 流水线物料卡的编制

(1) 物料卡编制方法与预装物料卡相同,表中的区别为预装有分装号 FZ;流水线物料卡为总装号 ZZ,如果在流水线总装过程中采用的是集中上料架,那么总装号统一写成 ZZ。如果流水线总装过程中未采用集中上料架,材料对应的总装号必须和流水线上线工艺卡上的总装号保持一致。

(2) 物料卡的打印。如果采用集中上料架统一配料操作,将流水线物料卡打印一份,悬挂在集成上料架工装上。如果未采用集中上料架的,可根据不同的总装号 ZZ-** 进行分类汇总,然后进行逐页打印;或者不进行分类汇总统一打印成一页。

(3) 同一种物料如果在不同的总装工位使用时,应根据不同的总装工位具体使用的数量进行分开填写。

例:"PP1002401ZDG150*5 黑"总共需求 40 个,在 ZZ-10 工位使用 7 个;ZZ-12 工位使用 33 个,那么在流水线物料卡中的总装号 ZZ-10 中"PP1002401 ZDG150*5 黑"数量为 0.007KP,在流水线物料卡中的总装号 ZZ-12 中"PP1002401 ZDG150*5 黑"数量为 0.033KP。

5.8 包装工艺卡设计及基本常识

包装工艺卡是指在电线束生产过程中用于指导操作工在外观检验结束后对合格电线束包装时用到的有工艺参数的文件。

为满足电线束保护的要求,通常情况下包装工艺卡往往参考现有的包装数据,以确保电线束产品的包装符合客户的要求及保证产品质量。

包装工艺卡的编制方法如下。

包装工艺卡编制时采用标准格式,A4 图纸幅面。图 5-34 所示为典型包装工艺卡实例。

包装工艺卡

序号	零部件名称	零部件号	图号	简码	仓库工位编号	工位编号	物流编号	单线质量/kg
1	前门电线束(司机侧基准型)	EC4002111N	H19790-05					0.529
2	前门电线束(司机侧豪华型)	EC4002121N	H19790-05A					0.584
3								
4								
5								
6								
7								
8								
9								
10								

包装	内包装（数量/型号）			外包装				
	包装1	包装2	总包装	套/纸箱	封箱	条形码	外标识	合格证
	5条/S5		5(线束)/S5	15/X3	Db.F*4		1	

备注	箱外合格证粘贴牢固，不得歪斜。
代码释意	S5(550×400塑料袋)；S7(750×550塑料袋)；X5(500×500×300电线束纸箱 ZBZ-XX5，PP2180103)；X3(400×400×200纸箱3#ZBZ-XX3，PP2180116)；Db(打包带)；J(胶带捆扎)；F(封箱胶带)

包装流程图

撑箱、放下垫箱板	按图示盘线	装袋，折叠多余塑料袋	装箱、摆放整齐
纸箱底面用胶带封	重点部位特殊保护	电线束完全装入塑料袋内	装入规定数量
放垫箱板	粘贴标识等	封箱	打包	装车
装完后放入上垫箱	按图示粘贴外标识	上面封箱，胶带无翘	打包4道	摆放整齐

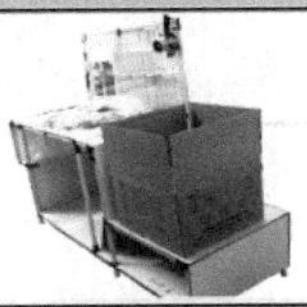

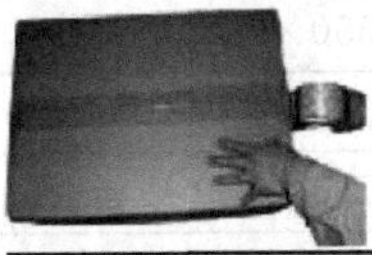

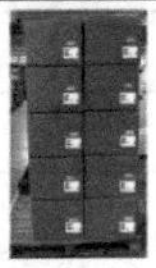

标识示意图

		名称：××××电线束	版本：2010.11.15 THB
标签		图号：主机厂图号	检impl：×××
		批次：2011××× ×××	日期：2011.××.×
		厂名：	代码：

		××××L5	P19790-05系列
标记	处数	文件号	签字	日期	共1页	第1页

设计：××　　　　校对：××　　　　批准：××　　　　日期：20××-××-××

图 5-34　包装工艺卡实例

(1) 零部件名称：主机厂零件描述，信息来源于产品图。
(2) 零部件号：主机厂零件号，信息来源于产品图。
(3) 图号：零件号，信息来源于产品图。
(4) 简码：没有明确要求，指电线束的物料简码或主机厂提供该电线束物料的简码。
(5) 仓库工位编号：没有明确要求，根据客户要求填写。
(6) 工位编号：没有明确要求，根据产品特性和要求填写。
(7) 物流编号：没有明确要求，根据客户要求填写。
(8) 单线质量(kg)：在外观检验后，单条电线束称重，单位为kg。
(9) 内包装。

① 包装1：为一次包装，如特殊捆扎、保险盒外包泡沫袋等。用条数/塑料袋等表示，即塑料袋内装几条电线束或辅助保护用材料规格。一般情况下根据产品本身性能选定。

② 包装2：为二次包装，即在一次包装完成后需要进行的包装，选用的塑料袋规格或其他辅助保护材料和每个塑料袋内装多少条电线束，需要根据电线束本身特征确定，用条数/塑料袋等表示。如果没有特殊要求，一般情况是只填写包装1。

③ 总包装：用条数/塑料袋表示，即一个塑料袋装几条电线束，塑料袋应用统一代码表示，统一代码编号见表5-3，如有新型号需要统一编号。将电线束装入塑料袋，准备装箱。

表5-3 包装材料代码

序号	代号（名称）
1	S2(200×200 塑料袋)
2	S3(300×200 塑料袋)
3	S3.3(330×240 塑料袋)
4	S5(550×400 塑料袋)
5	S6(600×250 塑料袋)
6	S7(750×550 塑料袋)
7	S9(900×400 塑料袋)
8	Z1(X3 用支撑棒)
9	Z2(X4 用支撑棒)
10	Z3(X5 用支撑棒)
11	-X3 电线束包装箱 400×400×200(无标识、无垫箱板)
12	-X4 电线束包装箱 900×300×230(无标识、无垫箱板)
13	-X5 电线束包装箱 500×500×300(无标识、无垫箱板)
14	-X7 电线束包装箱 400×400×300(无标识、无垫箱板)
15	-X8 电线束包装箱 600×250×270(无标识、无垫箱板)
16	J（胶带捆扎）
17	F（封箱胶带）
18	Db（打包带）
19	D（装订）

(10) 外包装。

① 条/纸箱：即每箱条数/纸箱代码。

② 封箱：用封箱胶带(F)对包装箱封口，打包带(Db)打包。说明：F×2 表示上下封箱；Db×2 表示打两道；Db×4 表示打四道。

③ 条形码：根据主机厂要求选定规格和粘贴位置。

④ 外标识：根据主机厂要求格式设定，一般要求统一粘贴在包装箱外面某固定区域。

⑤ 合格证：按合格证实际要求填写。

(11) 备注：一些特殊的解释说明，如附件需单独包装时应在备注中说明单独包装。

(12) 代码：见表 5-3。

(13) 包装流程图：在样线阶段就可以拍照、整理图片。主要步骤的图片必须附于其上，包括放入垫箱板视图、盘线视图、装袋视图、装箱方式视图、标识粘贴视图、封箱视图、打包视图和装车视图等，蓝色框内是视图名称，相对应的绿色框内是对视图名称的要求。图片必须真实清晰、色彩鲜明，排版要整齐。

(14) 标识示意图：在样线阶段就可以拍照、整理图片。一般情况下有合格证视图、标签视图，有时主机厂会要求在包装箱外粘贴特定规格的外标识、电线束条形码等。

(15) 产品名称：信息来源产品图。

(16) 系列名称：同一系列的产品，如果包装方式一样，可以写在同一张包装工艺卡上，在系列名称里可以归为一个系列。初次做时系列名称为 P*****-** 系列 1。如有同一系列不同包装方式时需另作系列名称 P*****-** 系列 2。以此类推，便于日后维护、跟踪和改进。

(17) 初始包装工艺卡完成后需要项目小组评审后方可使用。

(18) 严格按照 QC/T 413—2002 中的规定执行。

(19) 如果需要新的包装材料，评审通过后才能使用。

5.9 标准定额的制定和维护

标准定额包括下线定额、压接定额、KOMAX 定额、下线辅助定额、压接辅助定额、流水线爬坡定额、单板总装定额、检验定额及返修定额。

特殊原因造成的停机、返修不包含在标准定额内。定额的测量可采用多人多次操作取平均值的方法。

1. 定额的计算公式

$$7.5 \text{小时(标准工作时间)} \div \text{小时/件(测量平均值)} = \text{定额}$$

2. 各工序定额的制定方法

1) 下线工序的定额制定

根据电线的截面积、长度来划分不同等级的定额。

制定时根据实际情况去现场测量,测量工具为秒表,机速可参照下线机器使用说明书规定的标准。有效时间从操作工接到工作指令开始,至下线捆扎完成放在挂线暂存架为止。

步骤:依据下料工艺卡调整机器参数→取原线→装线→首件自检→首件报检→批量生产完成→摆放到位。

下线工序的定额表见附表7。

2) 压接工序定额的测量

压接工序定额根据端子的种类(链带或单件)、尾部大小来划分定额阶段。压接定额可根据实际情况在现场测量,测量工具为秒表,机速可参照压接机器使用说明书规定的标准。有效时间从操作工接到工作指令开始,至压接捆扎完成放在挂线暂存架为止。

步骤:依据下料工艺卡更换压接模具→拿取端子→拿取待压接电线的规范操作动作→首件送检→批量生产→最终检验。

压接工序定额表见附表7。

3) KOMAX定额的测量

KOMAX定额根据电线的截面积、长度、端子压接的多少来划分定额阶段。KOMAX定额可根据实际情况在现场测量,测量工具为秒表,机速可参照KOMAX机器使用说明书规定的标准。有效时间从操作工接到工作指令开始,至下线捆扎完成放在挂线暂存架为止。

步骤:依据下料工艺卡调整机器参数→依据下料工艺卡更换压接模具→拿取端子→拿取原线→取线头穿入电线孔内的规范操作动作→首件送检→批量生产→最终检验。

KOMAX定额表见附表7。

4) 下线辅助定额的测量

下线辅助定额根据电线的截面积、长度、特殊辅助材料的规格型号来划分定额阶段。下线后需穿的辅助材料定额可根据实际情况在现场测量,测量工具为秒表。有效时间从操作工接到工作指令开始,至辅助作业捆扎完成放在挂线暂存架为止。

步骤:依据下料工艺卡拿取辅助材料→拿取待作业电线→取材料穿入电线内的规范操作动作→首件送检→批量生产→最终检验。

下线辅助定额表见附表7。

5) 压接辅助定额的测量

压接辅助定额根据端子型号来划分定额阶段。压接后需要完成的辅助作业定额可根据实际情况在现场测量,测量工具为秒表。有效时间从操作工接到工作指令开始,至辅助作业捆扎完成放在挂线暂存架为止。

步骤:依据下料工艺卡拿取辅助材料→拿取待作业电线→取材料完成作业的规范操作动作→首件送检→批量生产→最终检验。

压接辅助定额表见附表7。

6) 流水线定额

流水线定额根据图号、月份来划分定额阶段。流水线定额可根据实际情况在现场测量,测量工具为秒表。有效时间从操作工接到工作指令开始,至装配结束为止。

步骤:依据工作指令拿取物料→预装→上流水线的正常操作动作→首件送检→批量生产→最终检验。

流水线工序定额表见附表 8。

7) 总装定额

总装定额根据图号来划分定额阶段。总装定额可根据实际情况去现场测量,测量工具为秒表。有效时间从操作工接到工作指令开始,至操作全部完成为止。

步骤:依据工作指令拿取物料→单板总装操作的规范操作动作→首件送检→批量生产→最终检验。

总装检测工序定额表见附表 9。

8) 导通检测定额

导通检测定额根据图号来划分定额阶段。检测定额可根据实际情况在现场测量,测量工具为秒表。有效时间从检测工接到工作指令开始,至检测完成为止。流水线检测结合流水线节拍合理安排检测人员。

步骤:依据工作指令核对导通检测数据→检测操作的规范操作动作→首件送检→批量生产→最终检验。

导通检测定额表见附表 9。

9) 外观检测定额

外观检测定额根据图号来划分定额阶段。检测定额可根据实际情况去现场测量,测量工具为秒表。有效时间从检测工接到工作指令开始,至检测完成为止。流水线检测结合流水线节拍合理安排检测人员。

步骤:依据工作指令核对外观检测板→检测操作的规范操作动作→首件送检→批量生产→最终检验。

外观检测表见附表 9。

10) 附件安装定额

附件安装定额根据图号来划分定额阶段。附件安装定额可根据实际情况在现场测量,测量工具为秒表。有效时间从附件安装工接到工作指令开始,至安装完成为止。流水线附件安装结合流水线节拍合理安排检测人员。

步骤:依据工作指令拿取物料→附件安装操作的规范操作动作→首件送检→批量生产→最终检验。

附件安装定额表见附表 9。

11) 返修定额

返修定额根据图号、批次来制定定额。返修定额可根据实际返修部位的难易度去预算。有效时间从操作工接到工作指令开始,至操作全部完成为止。

步骤:依据工作指令拿取需返修线→依据返工方案操作的规范操作动作→首件送检→批量生产→导电性能检测→外观检验→包装入库。

12) 定额的变更

定额需要变更时,需由提出变更部门填写《产品定额更改申请表》,没有此表的定额不做调整。工程师可根据申请原因做出具体的定额变更（必要时组织相关人员对此项定额进行评审），由相关领导审批后将此表交与定额管理员，填写方法如图5-35所示。

编号：由定额管理员统一编号			
产品定额更改申请表			
产品名称/图号	填写申请更改定额的图号		
原定额	装配120条/20人	期望定额	装配100条/20人
提出人	赵××	班组	××班
班长	钱××	主管领导	李××
日期	2020.2.20		
申请原因			
示例： 1. 全部更换新员工。 2. 产品状态更改。 3. 产量不足。			
工艺工程师意见			
1. 全部更换新员工。 2. 产品状态更改。 3. 产量不足。 注：可写实际情况，为领导决断提供依据。			
工艺工程师：	×××	日期：	2020.2.20
工艺主管：	×××	日期：	2020.2.20
工程部经理：	×××	日期：	2020.2.20
总经理*：	×××	日期：	2020.2.20
*表示特定情况下，需总经理签字			

图5-35　产品定额更改申请表填写方法

《产品定额更改申请表》见附表10。

13) 定额表的填写、发放和管理

新增图号定额需填写定额管理表，将管理表上的所需内容逐项填写完毕，由使用部门确认签字，工艺主管签字方可生效，并交与定额管理员统一管理下发。

每月1号在《流水线定额表》中填写本月的爬坡定额，并在每月1号下发到使用部门。其他的定额表有更改时更换，没有更改通知可长期使用。

员工接到定额管理表后，先根据内容输入定额，填写更改通知单编号，并根据使用部门的数量确定打印份数，交与工艺主管审批。首次定额填写技术文件分发单、更改定额填写工艺更改申请表和工艺文件更改通知单，并交与资料室下发。

5.10 工艺文件的更改要求

工艺文件的更改要求主要考虑以下几个方面。

（1）工艺更改的原则是简化工艺、保障过程质量、降低潜在质量缺陷发生的概率。

（2）工艺更改时应慎重评审，讨论更改的可行性和更改可能导致的后果。

（3）工艺更改影响产品的成本时，及时通知相关部门进行协商解决。

（4）工艺改进的目的就是提高过程控制的能力，加强过程的稳定性和产品的一致性，提高产品品质，进而提高劳动效率。

附　　录

附表 1　电线束产品设计输入检查表

客户名称		本公司图号	
车型		检查日期	
检查人员			
检查内容 （包含但不限右边内容）	1. 是否有车辆产品图纸？ 2. 是否有车辆电器原理图？ 3. 是否有车辆电器属性表？ 4. 是否有车辆引脚定义？ 5. 是否有法律法规要求（包括产品、环保要求）？ 6. 是否有顾客技术标准？ 7. 是否有顾客的产品开发协议？ 8. 是否有行业标准？ 9. 是否有以往开发经验？ 10. 是否有顾客指定材料验证责任划分记录？ 11. 顾客是否有特殊要求，如特殊特性、标识、可追溯性和包装等？ 12. 其他	是□ 否□ 是□ 否□ 是□ 否□ 是□ 否□ 是□ 否□ 是□ 否□ 是□ 否□ 是□ 否□ 是□ 否□ 是□ 否□ 是□ 否□ 是□ 否□	
问题			
措施			

附表 2　电线束产品设计输入评审表

客户名称		本公司图号	
车型		评审日期	
评审人员			
评审内容 （包含但不限右边内容）	1. 是否对技术协议或技术规范的每一条款进行逐一评审？ 2. 是否理解每一条款的具体含义？ 3. 现有材料标准是否满足协议要求？ 4. 现有加工过程是否满足协议要求？ 5. 现有技术规范是否满足协议要求？ 6. 现有技术规范和顾客要求不同部分是否明确？ 7. 现有技术规范与顾客要求不同部分是否与顾客沟通和协调？ 8. 顾客质量目标是否和我公司质量目标一致？ 9. 所有评审人员是否达成一致意见？ 10. 是否经过法律评审并备案？ 11. 是否能满足顾客的进度要求？ 12. 其他	是□ 否□ 是□ 否□ 是□ 否□ 是□ 否□ 是□ 否□ 是□ 否□ 是□ 否□ 是□ 否□ 是□ 否□ 是□ 否□ 是□ 否□ 是□ 否□	
评审疑问			
评审结果			

附表3 电线束产品设计开发过程评审检查表

项目名称			日　期	
检查人签字				

内　容

目前××产品设计已进行了××时间,对此段工作内容进行评审检查:

序号	需要完成文件	是否按期完成			未完成原因
		是	否	不适用	
1	DFMEA				
2	可制造性和装配设计				
3	工程和材料规范				
4	产品设计——原理图				
5	产品设计——3D布线图				
6	产品设计——2D电线束图				
7	设计验证				
8	设计评审				
9	产品特殊特性和过程特殊特性				

此前工作总结及问题:

后续各部门工作计划如下:

附表4 电线束产品设计开发输出检查表

项目名称			日　期	
检查人				

内　容

目前××项目产品设计开发阶段已经结束,对此段工作内容进行检查:

序号	需要完成文件	是否按期完成			未完成原因
		是	否	不适用	
1	DFMEA				
2	初始BOM清单				
3	产品适用标准清单				
4	产品设计——原理图				
5	产品设计——3D布线图				
6	产品设计——2D电线束图				
7	设计验证				
8	设计评审				
9	原材料技术规范和图纸				
10	产品特殊特性和过程特殊特性				
11	小组可行性承诺				

此前工作总结及问题:

后续各部门工作整改计划如下:

附表5　电线束产品设计和开发输出评审表

| 项目名称 | | | 日　　期 | |

| 检查人 | |

内　　容

目前××项目产品设计阶段已经结束,对此段评审工作内容进行检查:

序号	需要完成文件	是否完成评审			评审证据
		是	否	不适用	
1	DFMEA				
2	产品设计——原理图				
3	产品设计——3D布线图				
4	产品设计——2D电线束图				
5	设计验证				
6	设计评审				
7	原材料技术规范和图纸				
8	产品特殊特性和过程特殊特性				
9	可制造性和装配设计				

此前工作总结及问题:

附表6　样线评审表

客户名称		本公司图号	
车　型		评审日期	
评审人员			
评审内容(包含但不限右边内容)	1. 外观是否符合相关工艺文件及图纸要求?		是□否□
	2. 护套、端子、附件及防水栓、盲栓是否匹配?		是□否□
	3. 保险盒内继电器、保险及其附件是否安装到位?		是□否□
	4. 护套、保险盒端子是否有退位或安装不到位?		是□否□
	5. 电线束分支方向及出线方向是否符合图纸要求?		是□否□
	6. 卡扣、扎带、支架等是否按照图示要求安装?		是□否□
	7. 胶带包扎、保护套管、护壳等是否按要求安装?		是□否□
	8. 护套中电线是否有单根受力或受力不齐?		是□否□
	9. 特殊部位是否需要制作工装予以实现?		是□否□
	10. 样线工艺余量是否满足最终成品尺寸要求?		是□否□
	11. 电线束标识和保险盒标签是否不符合图纸要求?		是□否□
评审疑问			
评审结果			

附表 7 下线、压接工序定额表

					下线压接工序定额表					
标记	文件号	处数	签字	日期	×××××有限公司					
序号	代码	工序	作业描述	线径/mm²	长度	定额	机速	设备	备注	
1		下线工序								
2		压接工序								
3		KOMAX								
4		下线辅助								
5		压接辅助								

附表 8 流水线工序定额表

					电线束定额表		流水线工序定额表					
标记	文件号	处数	签字	日期			×××有限公司					

注：①普通定额按月显示,当月未显示定额按上月定额执行,依次类推。②爬坡定额未经说明,批次/数量是指同系列图号(如 01 系列、02 系列)的总批次/总投产数量,不得以新图号批次/数量为标准。

序号	图号	装配人数	检验人数	2016年1月	2016年2月	2016年3月	2016年4月	2016年5月	2016年6月	2016年7月	2016年8月	2016年9月	2016年10月	2016年11月	2016年12月	定额类型
1																普通
2																爬坡
3																
4																
5																
6																
7																
8																
9																
10																
11																
12																
13																
14																
15																

附表 9　总装检测工序定额表

标记 序号	文件号 项目	处数 名称	签字 图号	日期 总装/(件/工)	总装检测工序定额表 ×××有限公司			
					导通/(件/工)	外观/(件/工)	附件/(件/工)	备注
1								
2								
3								
4								
5								
6								
7								
8								
9								
10								
11								
12								
13								
14								
15								
16								
17								
18								
19								
20								

附表 10　产品定额更改申请表

编号：由定额管理员统一编号

产品定额更改申请表			
产品名称/图号	填写申请更改定额的图号		
原定额		期望定额	
提出人		班组	
班长		主管领导	
日期			
申请原因			

续表

工艺工程师意见				
工艺工程师		日期		
工艺主管		日期		
工程部经理		日期		
总经理*		日期		

注：＊表示特定情况下,需总经理签字。

参 考 文 献

[1] 梁磊.汽车线束设计及可靠性研究[D].沈阳:东北大学,2015.
[2] 邓鹏.汽车线束设计及测试系统的研究[D].哈尔滨:哈尔滨工业大学,2009.
[3] 嵇国光.ISO/TS 16949 五大核心工具应用手册[M].北京:中国标准出版社,2008.
[4] 嵇国光.汽车供应链 ISO/TS 16949 技术规范解析及应用[M].北京:中国质检出版社,2008.
[5] 谷孝卫.汽车线束设计及线束用原材料[J].汽车电器,2006(10):16-19.
[6] 王广坤,陈永丽.浅谈三维布线软件在汽车线束设计中的应用[J].装备制造技术,2011(09):85-87.
[7] 刘振超,等.浅析汽车线束设计的原则[J].汽车电器,2015(02):19-22.
[8] 程宁.汽车线束设计及线束用原材料的选取[J].汽车实用技术,2015(08):3-6.